就业指导与训练

主　编　张贯虹　龚跃明
副主编　金　磊　盛淑娟　林　鹿
参　编　金梦力　施红雅　熊　雷
　　　　鲁晓萍　黄李丹　胡培星
　　　　黄婷婷

北京理工大学出版社
BEIJING INSTITUTE OF TECHNOLOGY PRESS

版权专有　侵权必究

图书在版编目（CIP）数据

就业指导与训练 / 张贯虹, 龚跃明主编. -- 北京：北京理工大学出版社, 2021.7
ISBN 978-7-5682-9991-6

Ⅰ.①就… Ⅱ.①张…②龚… Ⅲ.①职业选择—中等专业学校—教材 Ⅳ.①G717.38

中国版本图书馆CIP数据核字(2021)第133549号

出版发行 / 北京理工大学出版社有限责任公司	
社　　址 / 北京市海淀区中关村南大街5号	
邮　　编 / 100081	
电　　话 /（010）68914775（总编室）	
（010）82562903（教材售后服务热线）	
（010）68944723（其他图书服务热线）	
网　　址 / http://www.bitpress.com.cn	
经　　销 / 全国各地新华书店	
印　　刷 / 定州市新华印刷有限公司	
开　　本 / 889毫米 × 1194毫米　1/16	
印　　张 / 12.5	责任编辑 / 曾繁荣
字　　数 / 230千字	文案编辑 / 代义国
版　　次 / 2021年7月第1版　2021年7月第1次印刷	责任校对 / 刘亚男
定　　价 / 39.00元	责任印制 / 边心超

图书出现印装质量问题，请拨打售后服务热线，本社负责调换

Preface 前言

　　本书结合职业院校学生的就业形势，介绍了走进职场、心理建设、走进企业、职业意识、岗位管理、实习管理、实习分享和职业规划等就业知识。本书体现行动导向、任务驱动的设计理念，以适应职业院校"工学结合"人才培养模式改革的新趋势，满足企业对职业发展与就业指导课程的需求。

　　本书将课堂教学和实践活动相结合，培养学生的职业发展意识，使学生了解就业形势，帮助学生树立科学的就业观和正确的依法维权意识，努力提升专业技能和职业素养，明确职业目标，提高学生的岗位适应能力。

　　本书共有 8 个主题，参考学时为 64 学时，各主题参考学时分配如下：

主题	任务	参考学时
主题一　走进职场	1.1　了解职业信息	4
	1.2　职场自我保护	4
主题二　心理建设	2.1　调整职场心态	2
	2.2　职场心理学	4
主题三　走进企业	3.1　初识企业文化	2
	3.2　融入企业生活	4
主题四　职业意识	4.1　遵守职业道德	2
	4.2　熟悉岗位职责	4
主题五　岗位管理	5.1　岗位目标管理	4
	5.2　岗位计划管理	6

续表

主题	任务	参考学时
主题六　实习管理	6.1　服从学校管理	4
	6.2　接受企业安排	4
主题七　实习分享	7.1　实习困惑	4
	7.2　实习展示	6
主题八　职业规划	8.1　职业认知评估	4
	8.2　职业生涯规划	6
合计		64

　　本书尊重学生的认知规律，循序渐进地安排教学过程，合理设计学习任务，穿插相关理论知识，边学边练，强化职业认知，提升学生的综合素养，以"准职业人"的要求，帮助学生更快融入团队，适应各项工作。

　　本书强调"做中学"，教师可采用案例教学、情境模拟、岗位实践等教学方法，通过模拟实训、职场体验等方式，提高学生的职业意识。

　　本书由浙江公路技师学院张贯虹、浙江省平湖技师学院龚跃明担任主编，由浙江公路技师学院金磊、盛淑娟，温州职业中等专业学校林鹿担任副主编，浙江公路技师学院金梦力、施红雅、熊雷、鲁晓萍、黄李丹，浙江省平湖技师学院胡培星、黄婷婷也参与了编写工作。

　　编者在本书的编写过程中得到了相关企业和教师的大力帮助，但由于时间紧、任务重，难免存在不妥之处，敬请广大读者批评指正。

编　者

Contents 目录

主题一　走进职场
1.1　了解职业信息　　2
1.2　职场自我保护　　9

主题二　心理建设
2.1　调整职场心态　　20
2.2　职场心理学　　34

主题三　走进企业
3.1　初识企业文化　　48
3.2　融入企业生活　　59

主题四　职业意识
4.1　遵守职业道德　　71
4.2　熟悉岗位职责　　83

主题五　岗位管理
5.1　岗位目标管理　　97
5.2　岗位计划管理　　108

主题六　实习管理
　　6.1　服从学校管理　　　　120
　　6.2　接受企业安排　　　　131

主题七　实习分享
　　7.1　实习困惑　　　　　　144
　　7.2　实习展示　　　　　　152

主题八　职业规划
　　8.1　职业认知评估　　　　167
　　8.2　职业生涯规划　　　　180

走进职场 主题一

踏入职场的那一刻，职场新人带着憧憬，完成了从校园到社会、从学生到职场人的转换。面对复杂的人际关系和繁重的工作，我们需要调整好心态，提高主动适应社会的能力，从而为就业和创业打下坚实的基础。

1.1 了解职业信息

一、职业的概念

职业是指人们从事相对稳定的、有收入的、专门类别的社会劳动，是一个人社会地位的一般性表现，也是一个人的权利、义务和职责。

从社会角度来看，职业是劳动者获得的社会角色，劳动者为社会承担一定的义务和责任，并获得相应的报酬；从国民经济活动所需的人力资源角度来看，职业是指不同性质、不同内容、不同形式、不同操作的专门劳动岗位。同时也是参与社会分工，用专业知识和技能创造物质或精神财富，获取合理报酬，丰富社会物质或精神生活的一项工作。

二、职业的特性

（一）职业的社会属性

职业是人类在劳动过程中的分工现象，体现的是劳动力与劳动手段之间的结合关系，也体现出劳动者之间的关系，劳动产品的交换体现的是不同职业之间的劳动交换关系。这种劳动过程中结成的人与人的关系无疑是社会性的，他们之间的劳动交换反映的是不同职业之间的等价关系。

（二）职业的规范性

职业的规范性应该包含两层含义：第一层是指职业内部的规范性操作要求，不同的职业在其劳动过程中都有一定的操作规范性，这是保证职业活动的专业性要求。第二层指职业道德的规范性，当不同职业在对外展现其服务时，还存在一个伦理范畴的规范性，即职业道德。这两种规范性构成了职业规范的内涵与外延。

（三）职业的功利性

职业的功利性也叫职业的经济性，是指职业作为人们赖以谋生的劳动过程中所具有的逐利性的一面。职业活动既满足职业者自己的需要，也满足社会的需要，只有把职业的个人功利性与社会功利性相结合起来，职业活动和职业生涯才具有生命力和意义。

（四）职业的技术性和时代性

职业的技术性指不同的职业具有不同的技术要求，每种职业往往都表现出一定相应的技术要求。职业的时代性指职业由于科学技术的变化，人们生活方式、习惯等因素的变化导致职业打上那个时代的"烙印"。

三、职业的分类

（一）职业分类的概念

职业分类，是指采用一定的标准和方法，根据一定的分类原则，对从业人员所从事的各种专门化的社会职业所进行的全面系统的划分与归类。它是一个国家形成产业结构概念和进行产业结构、产业组织及产业政策研究的基础。

（二）职业分类的作用

（1）同一性质的工作，往往具有共同的特点和规律。把性质相同的职业归为一类，有助于国家对职工队伍进行分类管理，根据不同的职业特点和工作要求，采取相应的录用、调配、考核、培训、奖惩等管理方法，使管理更具针对性。

（2）职业分类给各个职业分别确定了工作责任以及履行职责及完成工作所需的职业素质，为确定岗位责任制提供了依据。

（3）职业分类有助于建立合理的职业结构和职工配制体系。

（4）职业分类是对职工进行考核和智力开发的重要依据。考核就是要考查职工能否胜任其所承担的职业工作，考查职工是否完成了其所应完成的工作任务。若要完成该项考核，则需要制定出考查标准，并对各个职业岗位工作任务的质量、数量提出要求，而这些都是在职业分类的基础上才能确定的。职业分类中规定的各个职业岗位的责任和工作人员的从业条件不仅是考核的基础，同时也是培训时所参考的重要依据。

（三）我国的职业分类

《中华人民共和国职业分类大典》是我国第一部对职业进行科学分类的权威性文献。它把我国职业划分为由大到小、由粗到细的四个层次：大类（8个）、中类（66个）、小类（413个）、细类（1 838个）。细类为最小类别，亦即职业。

四、职业的准备

（一）学业知识准备

求职前对所学知识进行系统梳理很有必要。一门课程大都可以分为两块：理论知识部分和技能技巧部分。

理论知识部分需要我们对于每门课程都按部就班地"击破"。因为从体系上来把握知识时，理解知识的成效是最好的，遗忘速度也是最慢的，而且也是最有利于今后从理论到实践的实施应用的。接下来就应该对每天的业余时间进行合理的规划，分配出绝对充裕的时间，在自己头脑绝对冷静，思维绝对清晰的时候，集中绝对优势的精力巩固每一个知识点。只求一次完整地歼灭一至两个知识点，并且保证真正学有所获。

技能技巧部分需要我们要有扎实的专业理论基础。理论来源于实践，也能指导实践。没有理论的实践是盲目的实践。要勤动手多实践。实践出真知，实践是检验真理的唯一标准。遇到问题唯有自己亲自尝试了，印象才会深刻，下次遇到同样问题时条理才会清晰，处理速度才会加快。要勤学好问，多向老师请教。对于不懂的问题要有打破砂锅问到底的精神，直至弄懂为止。肯钻研，凡事多思考，多提问。要学会总结经验和教训。每次处理完事情之后，要及时进行总结，哪里做得不好，下次吸取教训；哪里做得好，以后继续保持。

（二）职业能力准备

职业能力是人们从事某种职业的多种能力的综合。通常可以把职业能力分为一般职业能力、专业能力与综合职业能力。

一般职业能力主要是指一般的学习能力、文字和语言运用能力、数学运用能力、空间判断能力、形体知觉能力、颜色分辨能力、手的灵巧程度、手眼协调能力等。

专业能力主要是指从事某一职业的专业能力。

综合职业能力主要包括四个方面：

1．跨职业的专业能力

一是运用数学和测量方法的能力；二是应用计算机的能力；三是运用外语解决技术问题和进行交流的能力。

2．方法能力

一是信息收集和筛选能力；二是掌握制定工作计划、独立决策和实施的能力；三是具备准确的自我评价能力和接受别人评价的承受力，并能够从成败经历中有效地吸取经验教训。

3．社会能力

社会能力主要是指一个人的团队协作能力、人际交往和善于沟通的能力。在工作中能够配合别人一起完成工作，对别人公正宽容，具有准确裁定事物的判断力和自律能力等，这是岗位胜任和在工作中开拓进取的重要条件。

4．个人能力

随着我国经济体制改革的深入和法制的不断健全完善，人的社会责任心和诚信将越来越被重视，假冒伪劣将越来越无藏身之地，一个人的职业道德会越来越受到全社会的尊重和赞赏，若拥有爱岗敬业、工作负责、注重细节的职业人格会得到全社会的肯定。

（三）工作经验准备

社会实践对职业学校学生有很大意义：有利于对理论知识的转化和拓展，增强运用知识解决实际问题的能力。同学们在课堂上学习到的知识基本上都是间接的、系统的理论知识。虽然这些理论知识对同学们来说非常重要，但并不代表同学们的实际技

能，往往难以直接将其运用到现实生活中。另外，在实际的生产生活中，许多问题单靠某方面的知识是难以解决的，而是需要考虑诸多因素，运用多方面的知识的技能才能解决。

社会实践使同学们接近社会和自然，获得大量的感性认识和许多有价值的新知识，同时使他们能够把自己所学的理论知识与接触的实际现象进行对照、比较，把抽象的理论知识逐渐转化为认识和解决实际问题的能力。所以同学们要积极参加学校组织的工学活动，也可以利用假期时间多参加社会实践。

（四）职业素养准备

职业素养主要是指职业内在的规范、要求和提升，以及在职业过程中表现出来的综合品质，包含职业道德、职业技能、职业行为、职业作风和职业意识规范；时间管理能力提升、有效沟通能力提升、团队协作能力提升、敬业精神、团队精神；还有重要一点就是个人价值观和公司的价值观能够衔接。

简而言之，职业素养是职业人在从事职业中尽自己最大努力把工作做好的素质和能力，它不是以这件事做了会对个人带来什么利益和造成什么影响为衡量标准的，而是以这件事与工作目标的关系为衡量标准的。更多时候，是否拥有良好的职业素养是衡量一个职业人是否成熟的重要指标。

职业素养具有十分重要的意义。从个人的角度来看，适者生存，个人缺乏良好的职业素养，就很难获得突出的工作成绩，更谈不上建功立业；从企业角度来看，只有具备较高职业素养的职业人才能生存与发展，他们可以帮助企业节省成本，提高效率，从而提高企业在市场的竞争力；从国家的角度来看，国民职业素养的高低直接影响着国家经济的发展，是社会稳定的前提。正因如此，"职业素养教育"才显得尤为重要。

职场小贴士

以社会分工为基础的职业的形成和发展主要受两个因素的影响：一是科学技术进步与应用；二是社会需求。

目前，职业分类的频率逐渐提高，职业分工越来越精细，职业活动的内容不断更新，职业呈现专业化、综合化和多元化趋势，所以我们要和职业一起发展，与时俱进。

职业训练

训练 1

学会敬业

小张到城市打工,由于没有什么特殊技能,于是选择了餐馆服务员这个职业。她一开始就表现出了极大的耐心,并且彻底将自己投入工作之中。一段时间以后,她不但熟悉常来的客人,而且掌握了他们的口味,只要客人光顾,她总是千方百计地使他们高兴而来,满意而去。不但赢得客人的交口称赞,并且在别的服务员只照顾一桌客人的时候,她却能够独自招待几桌的客人。就在老板逐渐认识到其才能,准备提拔她做店内主管的时候,她却婉言谢绝了这个任命。原来,一位餐饮业投资人看中了她的才干,准备投资与她合作,资金完全由对方投入,她负责管理和员工培训,并且郑重承诺:她将获得新店 25% 的股份。现在,小张已经成为一家大型餐饮企业的老板。

讨论:根据案例你能分析"做"与"会做"的不同吗?

训练 2

学会协作

小孟从高职毕业后成为一名业务员,最初的时候,由于销售技能和业务关系都非常好,因此他的业绩在全公司里是最好的。取得成绩以后,他就开始对别人指手画脚了,尤其是对那些客户服务人员(以下简称"客服")。本来这些客服非常支持小孟的工作,只要是他的客户打来的电话,客服就会马上进行售后服务。但是由于小孟动辄说"是我给你们的饭碗,没有我你们都要饿死",要不然就是说这些客服服务不好,他的客户向他投诉等。客服虽然表面对他说的话置之不理,但却总是通过行动来与他对抗。后来,凡是小孟的客户打来的电话,客服都一拖再拖。最后,这些客户打电话给小孟,并把怒火发到他的身上。由于后续服务不到位,小孟的续单率非常低,原来的客户也都让其他业务员抢走了。

讨论:分析小孟问题的原因,并找到解决问题的方法。

训练 3

永不放弃

有一个年轻人去微软公司应聘,而该公司并没有刊登过招聘广告。见总经理疑惑不解,年轻人用不太娴熟的英语解释说自己是碰巧路过这里,就贸然进来了。总经理没见过这样的人,破例让他一试。年轻人表现得很糟糕,解释说事先没有准备,总经理以为他找了个托词下台阶,就随口答应:"等你准备好了再来试吧"。一周后,年轻人再次前来应聘,虽然依然没有成功,但他的表现比上一次好了很多。总经理给了他同样的回答:"等你准备好了再来试。"就这样,青年经过先后5次面试,最终被录用,成为公司的重点培养对象。

温馨提示:目标实现的过程是艰难的,很多人不成功并不是没有目标,而是缺乏"再试一次"的毅力和勇气。

讨论:如果你是那个去应聘的年轻人,你会有勇气再去一次吗?为什么?

职业探讨

探讨1:微软公司(以下简称"微软")向世界正式推出Windows95时,进行了一场声势浩大的市场推广活动,它整合了营销沟通中的各个层面,包括公共关系、事件行销、广告和零售刺激。这些沟通活动展示了整个营销沟通的伟大力量,同时也体现了微软营销部门和所有参与这次活动的其他公司的统一团队精神。这场令人叹为观止的营销传播活动在全球持续进行,前后历时24个小时,活动费用超过2亿美元。

这么一场声势浩大的市场营销传播活动需要投入大量的人力、财力和物力,一个团结、步骤协调一致的团队在其中所起的作用显而易见。120多家公司受雇于微软,在这次大型的市场推广活动中出谋献策,制定有效策略并执行,为这次活动的成功做出了巨大的贡献。几千人组成的团队参与了这场新产品推向世界的市场营销活动。一个由60人组成的营销团队专门从事整个活动的协调工作。每个产品部门则专门负责制定和执行自己的促销计划。可以说如果没有微软各个部门、各个层次员工的协作,就没有Windows95成功的市场推广。

讨论：假如你是一个企业的领导者，你认为应该如何培养企业职工的团队合作精神？

探讨2：美国的标准石油公司曾经有一位小职员叫阿基勃特。他出差住旅馆的时候，总是在自己签名的下方写上"每桶4美元的标准石油"字样，在书信及收据上也不例外，只要签了名，就一定写上那几个字。因此他被同事叫作"每桶4美元"，而他的真名倒没有人叫了。公司董事长洛克菲勒知道这件事后说："竟有职员如此努力宣扬公司的声誉，我要见见他。"于是邀请阿基勃特共进晚餐。后来，洛克菲勒卸任，阿基勃特成了第二任董事长。

讨论：阿基勃特成功的奥秘是什么？

1.2 职场自我保护

职业储备

※案例 1.1

小李的"惊喜"

小李即将毕业。为了能找到一份好工作，小李将自己的简历传给很多"对口"的单位。终于，小李收到了这样一封邮件，邮件上提出，小李的基本条件和学历条件都符合公司的要求，经过公司讨论，同意录用他，但是在工作前要先进行业务培训。邮件中称，由于小李家不在大连，出于照顾外地应聘人员的考虑，请小李先汇教材费400元，在家自学一段时间后，再参加进一步培训。这则录用信息让小李喜出望外，立即给公司账户汇去教材费。可是等了一个星期，小李也没有见教材邮到。于是他连忙拨打联系人的手机，又发了几封邮件。此时，对方手机已经关机，邮件也没有人回

复。小李这才意识到自己被骗了。

温馨提示：网络招聘的特点决定了应聘者不能与用人单位面对面地交流，因此应聘者容易上当受骗。所以学生在进行网络应聘时，应该选择信用度高的网站，应聘前要做好"功课"，了解应聘单位和应聘条件，以免造成财产损失，甚至失去人身自由。

一、常见的就业陷阱

（一）网络陷阱

随着互联网的发展和普及，"网上求职"已成为广大应届毕业生求职的重要途径和方式。网络具有方便快捷、成本低等优点，但不断出现的虚假招聘也让应聘者深受其害。因此，学生在网上寻找实习与就业岗位时，一定要本着审慎的态度，对自己的安全负责。

网络招聘又称电子招聘，是指运用网络技术，帮助企业完成招聘过程。网络招聘具有信息量大、覆盖面广、不受时空限制等优点，但是，虚拟的网络世界也为一些不法分子提供了机会，方便他们针对求职者的意向提供虚假职位，或以收取"培训费"为由，骗取求职者的钱财。

（二）押金陷阱

一些公司以高工资、低门槛为诱饵，利用实习生求职心切的心理，索要"风险金""保证金""培训费""押金"等，而签约后又以种种理由迫使实习生"违约"，以达到侵吞"押金"的目的。

（三）工资陷阱

毕业生在求职过程中，工资是一个很重要的考虑条件，但对工资的了解不能只停留在表面数字上，还应注意福利、保险、奖金等是否已经一并包含在内，要理性地审视和衡量，不能被所谓明面上的"高工资"冲昏头脑。

（四）中介陷阱

通过中介公司找工作，对毕业生而言，无疑是一种便捷的求职途径，但一些不法分子也注意到了这个牟利途径。他们发布诱人的虚假信息吸引求职者，然后再以各种名义收取费用。《国务院所属部门人才中介服务机构管理办法》中明确规定：开办人才中介服务机构必须领取许可证，要有健全可行的工作章程和制度，从业人员必须取得中介资格证书。

※案例1.2

小苏的求职经历

某日，劳动监察大队连续接到举报。事情是这样的，某职业介绍所收取了小苏等5人每人500～1 000元的中介费，然后给他们介绍工作，而且还表示如果对工作不满意，还可以在一年内重新帮他们介绍其他工作，并保证如果一个月内找不到工作，全额退还中介费。最后，无一例外的是，当他们拿着职业介绍所给的地址去找用人单位时，不是用人单位不需要招聘，就是根本找不到地址上记录的单位。一个月后，他们找到该职业介绍所要求退款，但是根本没人理睬。

温馨提示：小苏等5人明显落入了中介陷阱，被骗取了钱财。现在，中介公司到处都是，但是其中一部分是没有资质的。因此毕业生求职一定要到合法、信用度高的中介公司，而且一定要查看其《职业介绍许可证》和《营业执照》原件。

（五）试用陷阱

试用陷阱是学生就业过程中常见的陷阱。试用陷阱通常有单方面延长使用期，试用期"永远"不合格，试用期不缴纳"五险一金"等。

职场小贴士

近年来，受到各大职业院校不断扩招和部分市场需求饱和等因素的影响，加之各种招聘市场还不够规范，一些不法分子乘虚而入，利用毕业生求职心切，自我防范意识不强等弱点引诱他们掉进就业陷阱。因此，初入职场的毕业生们在就业过程中一定要保持头脑清醒，提高警惕，了解就业陷阱的特点，提高自我保护意识。

二、初入职场相关的法律法规

（一）《职业学校实习管理规定》

《职业学校实习管理规定》的出台是为了规范和加强职业学校学生实习工作，维护学生、学校和实习单位的合法权益，提高技术技能人才培养质量，增强学生社会的责任感、创新精神和实践能力，以使其更好地服务产业转型升级需要，进行专业技能培养的实践性教育教学活动，包括认识实习、跟岗实习和顶岗实习等形式。职业学校应当科学组织、依法实施，遵循学生成长规律和职业能力形成规律，保护学生的合法权益；应当坚持理论与实践相结合，强化校企协同育人，将职业精神养成教育贯穿学生实习全过程，促进职业技能与职业精神高度融合，服务学生全面发展，提高技术技能人才培养质量和就业创业能力。地方各级人民政府相关部门应高度重视职业学校学生实习工作，切实承担责任，结合本地实际制定具体措施鼓励企（事）业等单位接收职业学校学生实习。

（二）《中华人民共和国劳动法》

《中华人民共和国劳动法》是为了保护劳动者的合法权益，调整劳动关系，建立和维护适应社会主义市场经济的劳动制度，促进经济发展和社会进步而根据《中华人民共和国宪法》制定的。1994年7月5日，第八届全国人民代表大会常务委员会第八次会议通过。2009年8月27日第十一届全国人民代表大会常务委员会第十次会议《关于修改部分法律的决定》第一次修正。2018年12月29日第十三届全国人民代表大会常务委员会第七次会议《关于修改〈中华人民共和国劳动法〉等七部法律的决定》第二次修正。

（三）《中华人民共和国劳动合同法》

《中华人民共和国劳动合同法》是为了完善劳动合同制度，明确劳动合同双方当事人的权利和义务，保护劳动者的合法权益，构建和发展和谐稳定的劳动关系而制定的法律条文。由第十届全国人民代表大会常务委员会第二十八次会议于2007年6月29日修订通过，自2008年1月1日起施行。其后，在2012年，全国人民代表大会常务委员会对其进行修改，定于2013年7月1日起施行。《中华人民共和国劳动合同法》在明确劳动合同双方当事人的权利和义务的前提下，重在对劳动者合法权益的保护，被誉为劳动者的"保护伞"，为构建与发展和谐稳定的劳动关系提供法律保障。作为我国劳动保障法制建设进程中的一个重要里程碑，《中华人民共和国劳动合同法》的颁布实施有着深远的意义。

（四）《中华人民共和国安全生产法》

《中华人民共和国安全生产法》是为了加强安全生产工作，防止和减少生产安全事故，保障人民群众生命和财产安全，促进经济社会持续健康发展而制定的。在中华人民共和国领域内从事生产经营活动的单位（以下简称"生产经营单位"）的安全生产，适用本法；有关法律、行政法规对消防安全和道路交通安全、铁路交通安全、水上交通安全、民用航空安全以及核辐射安全、特种设备安全另有规定的，适用其规定。安全生产工作应当以人为本，坚持安全发展，坚持安全第一、预防为主、综合治理的方针，强化和落实生产经营单位的主体责任，建立生产经营单位负责、职工参与、政府监管、行业自律和社会监督的机制。

三、增强安全意识、提高防范能力

（一）根据自身情况合理择业，端正求职态度

有些学生不根据自身的实际情况选择合适的职业，反而追求超过自身能力范围之外的所谓"黄金职业"。与此相反，也有部分学生过于自卑，缺乏自信，破罐子破摔，对就业怀有消极心理。一些不法分子正是利用这种心理，设下各种陷阱来坑害学生。

求职的正确态度是既不眼高手低，也不过于自卑，应当端正态度，正确评估自己，合理择业。这样，不仅能避开各种陷阱，也能找到更适合自己的、令自己满意的工作，从而在工作岗位上更好地发挥自身优势。

（二）耐心进行就业准备，戒贪心，戒焦躁

应聘时，毕业生应认真考虑用人单位提出的条件，深入分析各方面因素，做出正确判断，确保就业安全。不要被"高薪"蒙蔽双眼，不顾工作条件和工作内容，"一切向钱看"，最后被人利用，做出违反法律法规及有悖社会道德的事。也不要因一时找不到合适的工作而焦躁不安，自暴自弃，做出危害自身及别人安全的荒唐行为。

（三）加强法律知识的学习

很多职业院校毕业生对《中华人民共和国劳动法》《中华人民共和国劳动合同法》《中华人民共和国劳动争议调解仲裁法》《工资支付暂行规定》等与就业安全相关的法律法规不甚了解，也不懂得求职者应享受什么样的权益，以致在求职过程中上当受骗。所以在求职前或求职过程中，毕业生要主动学习有关政策和法律法规，增强法律意识，在必要时维护自己的合法权益。

还有很大一部分毕业生在面对应聘骗局或上当受骗后，不向工商、公安和劳动管理部门投诉，而是自认倒霉，将责任归于自己糊涂，认为与其四处申诉，还不如把精力放在寻找下一个工作机会上，这是一种错误的想法。当发现被骗后，毕业生不要"嫌麻烦"，应马上报警，或求助于劳动监察部门和劳动仲裁部门及学校的相关部门，利用法律武器维护自身的合法权益。

（四）谨慎抉择，不要轻易交货、签字

在求职者遭遇的各种职场骗局中，最常见的就是收取保证金、押金。一些招聘单位直接向求职者索要服装费、咨询费、邮寄费等费用，甚至利用招聘会骗取不义之财。《中华人民共和国劳动合同法》明确规定："用人单位招聘时，不得以担保或其他任何名义，收取求职者任何形式的报名费、培训费、押金等费用。若用人单位巧立名目，收取求职者相关费用的，都是违法行为。"因此求职者应提高警惕，坚决拒绝交纳各种费用。

在此提醒毕业生，根据相关法律的规定，用人单位录用员工时，与劳动者订立的是劳动合同，不是产品推销协议。毕业生要提高警惕，不要签订以推广、促销为名的民事协议，也不要头脑发热，盲目签字。在签就业协议时，务必谨慎认真逐句推敲后，方可

签下名字，以免落入"文字游戏"的陷阱。签完就业协议后，还要记得签劳动合同。因为劳动合同更具法律效力，能保护劳动者的合法权益。一旦发现上当受骗，求职者应立即向当地劳动保障监察部门或公安部门报警，寻求法律保护。

（五）全面了解企业信息，防止虚假招聘

获得就业信息是成功求职的第一步。某些用人单位在招聘过程中，经常开出丰厚的待遇或条件，或者把普通岗位冠以华丽的名词，求职者上岗后才发现上当受骗。因此在选择用人单位时，应仔细鉴别招聘信息及招聘公司的合法性，尽量通过正规途径获取信息，选择信誉良好的公司去应聘。

对于不熟悉或没听说过的公司，应聘前先上网或打电话求证信息发布的真实性。如果可以，应联系在该地工作的同学或校友询问相关情况，以确保信息真实有效。

（六）加强个人隐私保护

很多毕业生在求职或面试时不注意保护个人信息，导致信息泄露，自己的合法权益遭到侵害。所以，建议毕业生不要将个人的所有联系方式都提供给招聘单位，一般只提供手机号码和电子邮件即可，至于固定电话，可以提供学校负责就业工作老师的办公电话号码，最好不要提供宿舍或者家庭电话。对于各种渠道，特别是互联网上发布的招聘信息，一定要慎重核实，不要轻易填写过于翔实的个人信息。

另外，在求职方式上不要采取"天女散花"式的方式，对于看上去不值得信任的、不规范的公司，不要随便递交简历。

职场小贴士

离开学校，踏入社会，毕业生就来到了一个崭新的世界。初入职场，大家要明确自己在工作中的权利和义务，要及时签订劳动合同。即使遇到各种问题，也一定不要慌张，相信自己一定能够妥善解决。当自身的合法权益得不到保障的时候，甚至受到侵犯的时候，需要通过正当途径，依法维护自身的合法权益。

职业训练

训练 1

小张的"押金"

小张手里有两张收据，一张时间为3月12日，上面写着"工装押金200元整"；另一张时间为3月4日，上面写着"确定工作单位，中途放弃，责任自负，押金50元整"。小张说："我应聘的那家公司收了工装押金，但我根本没见到工装。我说不干了，他们却不给我退钱。"原来，3月11日，她到××市一家公司应聘文员，面试通过以后让她交200元工装押金，3天后再来笔试。"笔试要在20分钟内答完6道简答题，我抄都抄不完啊。后来他们说我没通过，让我去做销售员。他们的货卖不动，我来辞职要求退钱。经理就说只有两个选择，一是继续卖货，二是给我一套工装，押金不退。"小张说。

（1）就业陷阱_____

_____

_____。

（2）应对措施_____

_____

_____。

训练 2

小孙的"工资"

某校学生小孙到某单位应聘销售岗位实习生，并"面议"工资。"面议"结果是每月只发放最低工资800元，如果销售成绩优秀，最高可达到2 800元。为了多赚钱，小孙尽心尽力干到月底，可老板还是却只给他发了800元。小孙以为是自己的业绩不够好，于是更加卖力，但是次月工资仍是800元。小孙终于忍不住，问老板到底怎样才能加工资。哪知老板回答："只有800元，不干随时可以走人"。

温馨提示： 如果月最低工资即底薪低于当地最低工资标准，可以要求用人单位依照该标准支付工资，并按照《中华人民共和国劳动合同法》第八十五条处理，即请求劳动仲裁部门责令其限期支付差额。

（1）就业陷阱_____

_____

_____。

（2）应对措施_____

_____

_____。

训练 3

小王的"辛苦费"

小王是浙江某职业学校的毕业生,在杭州的人才交流会上,被一家翻译公司聘用。老板声称,试用期3个月,一次性发放工资1 500元;试用期满正式录用后,再签订劳动合同。考虑到严峻的就业形势,小王当时就一口答应了。在试用期间,小王表现得十分积极。可眼看试用期将满,老板却告诉小王不用来了。原因是他认为小王不适合做这份工作。老板拿出800元作为这3个月的"辛苦费",将小王打发了。此时已错过了毕业生求职的黄金期,再找工作已相当困难。

温馨提示: 对企业所提供的"试用"或者"实习"机会,一定要弄清楚自己获得的究竟是实习机会还是试用机会。对于某些企业口头提出的"试用",尤其要当心。

(1)就业陷阱_____

_____

_____。

(2)应对措施_____

_____

_____。

职业探讨

小丁大学毕业后与箱包公司签订了为期2年的劳动合同,做财务助理。合同期间,箱包公司发给小丁3 000元基本工资,奖金另计。工作1年后,单位派小丁到外地进行为期2个月的短期专业培训,并支付了5 000元培训费。劳动合同到期以后,小丁要求终止合同,该箱包公司不同意小丁的要求,并要求小丁续订劳动合同,小丁不同意,于是该箱包公司要求小丁交纳之前公司为其支付的培训费5 000元,否则将拒绝办理解除劳动关系的相关手续。小丁到该箱包公司所在地的劳动争议仲裁委员会申诉,要求终止箱包公司与自己的劳动合同,并且为自己办理解除劳动关系手续,再为自己提供一定数额的生活补助费。劳动争议仲裁委员会受理后,经过调查,认定小丁申诉的事实基本属实。认定劳资双方当事人订立有期限的劳动合同期满后,小丁不愿意续订劳动合同是合法的,箱包公司强迫劳动者续订劳动合同的做法与国家劳动相关的法律法规和政策相违背。劳动争议仲裁委员会因此做出裁决:小丁与箱包公司的劳动合同自到期之日起终止,该箱包公司支付小丁终止劳动合同后的生活补偿费。

就业指导与训练

讨论：

1. 本案中，箱包公司的做法违背了哪些法律法规？

2. 如果在以后的职业生活中遇到类似问题，你会怎么做？

职业分享

请采访 2～3 名学长或学姐，了解他们的求职小故事，包括他们在求职过程中的酸甜苦辣，为之后的毕业求职做好准备。

主题二 心理建设

　　心理建设是求职择业过程中一项重要的准备工作,直接决定了我们是否能够以健康的心态,从容面对求职择业过程中的成功和失败。

　　求职择业的心理准备,要求职择业者在求职过程中可能出现的各种情况做一定的估计和评价,以及为解决这些问题而建立起某些思想观念和强化某些心理品质。

2.1 调整职场心态

※案例2.1

小王的求职道路

毕业生小王是从一所职业院校机械专业毕业的女生，她第一次参加招聘会时，听到最多的就是"对不起，我们不要女生"和"尽管你说得很好，我们还是不招女生"之类的答复。小王坚信自己的实力，在校期间，她认真学习，学习成绩优异，无论是专业课成绩还是基础课成绩，全部名列前茅。在第二次参加招聘会的时候，她勇敢地向用人单位介绍自己。功夫不负有心人，终于有一家公司答应给她第一轮面试的机会。由于做了充分准备，她顺利地通过了第一轮面试。第二轮面试时，剩下的大多是本科毕业生。在面试等待过程中，一些人对她露出轻蔑、不屑的神情，这更加坚定了她的决心。"不要气馁，我是最好的"，她不断鼓励自己。轮到小王面试时，她抬起头，面带自信的微笑走进房间，冷静地回答面试官的问题。当面试官问到毕业学校和专业的相关情况时，她如实相告，没有表现出丝毫的不好意思。最后，她终于凭借自信取得了成功，得到了自己想要的工作。

从这个案例中，我们可以得出一个结论：自信是打开就业成功之门的金钥匙。有些学生因为自己是女生，又毕业于职业院校，就不敢参与竞争。整个就业市场还是公正的，我们应从小王求职成功的故事中获得启示。在求职过程中，要想到其他求职者也存在弱点，在竞争中也会紧张，害怕失败。如果求职者能自信地展开与强手的竞争，就能得到用人单位的青睐。这就是因为这些同学具有自信心，相信自己的能力，坚信自己可以取得胜利。当然，我们也不能盲目自信，还要拥有真正的实力，要比别人做得更好。

讨论：
1. 在求职过程中，小王出现过哪些心理现象？
2. 面对不良的心理现象，小王是如何应对的？

一、常见的就业心理问题

（一）自卑心理

自卑是一种消极的自我评价或自我意识。一些毕业生在求职过程中缺乏自信心，对自己评价过低，从而产生了自卑心理。

这种心理形成的原因如下：部分毕业生认为自身专业知识、专业技能及综合素质比不上其他同学；部分毕业生认为其所学专业不景气，就业前景不佳；部分毕业生在毕业求职过程中屡次受挫，从而产生强烈的自卑感。

有这种心理的毕业生，在面对用人单位时会感到局促、紧张，缺乏信心和勇气，不能适当地向用人单位展示自身所长，从而严重影响了择业与就业。

（二）自负心理

与自卑心理相反，部分毕业生出现了自负心理。自负是对自己和周围环境定位不清晰而造成的盲目自大的心理表现。这部分学生往往缺乏对自己的正确定位，只考虑了自己的优点，从不考虑缺点。

造成这种心理的原因如下：部分毕业生认为其所学专业是当前的热门专业，就业前景好；部分毕业生认为自身在校成绩优秀，综合素质高；部分毕业生认为自己已被多家单位选中，就产生了优越感，认为自己胜别人一筹。

在这种心理支配下，毕业生往往是"这山看着那山高"，挑三拣四，最终错过了很多不错的机会。

※案例 2.2

从香饽饽到被拒千里之外

小迪是一名成绩十分优异的学生,专业课考试总是名列前茅。毕业求职期间,许多单位都抢着要他,但小迪偏偏自视过高,对那些令其他同学羡慕不已的单位置之不理,所以迟迟都不愿签约。最后,当学校老师提醒他还有半个月就要毕业的时候,小迪才产生了危机感。然而,当小迪与之前那些抢着要和签约的用人单位负责人联系的时候均被告知计划已满,不再招聘。

(三) 焦虑心理

焦虑是人们由于对亲人或自己的生命安全、前途命运运筹过度担心而产生的一种烦躁情绪。目前,由于体制、专业、心态等原因,毕业后仍有一些毕业生找不到工作或找不到合适工作。

如有的同学面对用人单位的笔试、口试、面试感到心惊胆战。有的同学面对自己向往的单位因参加竞争人数众多、录用条件严格失去了主动争取的信心。有的女生怕性别劣势带来求职困难。还有的因学习成绩不好,拿不出像样的成绩表而烦恼。以上这些都是择业心理焦虑现象的表现。

※案例 2.3

小张的焦虑

小张,男,某职业院校计算机专业的学生。毕业前 2 个月的一天,他在一场专场招聘会上投了十几份个人简历。一个星期后,小张接到了一家互联网公司的面试通知,面试他自认表现尚可,可无意中听到在外等候的面试者说起,该公司这几年录用的全是重点院校的本科毕业生,而且还有很多研究生,心情一下子变得很糟糕。在等待录用通知的日子里,他的手机总是随身携带。可是两个星期过去了,还没人告诉他是否被录用。马上就要毕业了,工作还是没有着落。他每天总在想:是不是因为我不是重点大学?是不是因为应聘者中只有我是专科学历?我该怎么办?为此小张的心情很糟糕,做事情也总是走神,食欲也下降了,担心自己找不到好工作,感觉对不起父母,十分焦躁。

（四）嫉妒心理

嫉妒就是对别人的成就、特长、优越的地位及条件持羡慕又报以敌视的情感。在现实生活中，嫉妒心理也是人们常见的一种不良心理状态。

毕业生在就业择业上的嫉妒心理主要有：看到别人某些方面条件好，先是羡慕、转而痛苦、后又不甘心，个别人为了不让他人超过自己，可能采取背后拆台等手段；看到别人成功时，说风凉话、讽刺挖苦。嫉妒心理的产生，有时会把朋友当对头，导致朋友关系恶化。另外，嫉妒还会使团体组织人心涣散、人际关系冷漠，并且加重人的内心痛苦和烦恼，以致影响发展和就业择业的顺利进行。

（五）从众心理

所谓从众心理，主要是指个人受外界人群行为的影响，而在自己的知觉、判断、认识上表现出符合公众舆论或多数人的行为方式。

这样的心理状态是缺乏主见的表现，不能根据自身的实际情况做出适合自己的决策。从众心理在就业方面表现为毕业生一味追求热门职业和工作单位，甚至不惜放弃自己所学专业，把自己限制在狭窄的求职道路上，错失了许多就业机会。比如，有些同学在择业时，往往是签了协议又后悔，原因是别的同学大部分都去了另一家单位，自己也想去；有的同学看别人签订协议，自己也跟着签，但对用人单位的具体情况一概不知。

※案例2.4

错失良机

小明是某职业院校机电专业的毕业生。在学校举办的专场招聘会上，他通过了浙江某汽车制造公司的面试，该公司同意录用他。但他看到自己专业的其他同学都没有与该单位签约，就产生了从众心理，犹豫不决。经过两个小时的再三考虑，小明准备与该单位签约的时候，该单位已经结束招聘了。

（六）依赖心理

在就业过程中，有的毕业生对自身缺乏理性的认识，就业信心不足，犹豫观望，就

业依赖父母，依赖社会关系，依赖学校和老师。

每年招聘季到来时，有些毕业生缺乏就业意识，对学校组织的专场招聘置之不理，甚至出现毕业生的家长、朋友代替毕业生与用人单位洽谈的场景。这些毕业生缺乏自我选择决断能力，不能积极主动地竞争，或推销自己，从而丧失了许多宝贵的就业机会。

（七）攀比心理

在就业择业过程中，同学之间常常互相攀比，总怕自己的选择吃了亏。有些同学在择业时不顾自己的实际情况，一心要和别人比高低，看别人去了北京、上海等大城市，自己就一定不能留在小县城。这种不科学、不合理的心态只能给自己增加苦恼，不利于正确客观地看待社会，正视自己。

※案例2.5

高不成低不就

小育是某职业院校食品专业的毕业生，学习成绩优异，一直希望能找到很好的工作。在毕业前的一次招聘会上，通过面谈，一家小城市的中型食品公司的老板十分看好小育，想聘用他，并打算以后着力培养他，公司提供的待遇还可以，他也觉得不错，决定过两天签约。

这时，他听说同班同学小龙签约了一家外资食品公司，在大城市，待遇好，发展空间更大。想到包括学习在内，各方面都不如自己的小龙找的单位比自己好，小育心里很不平衡，觉得自己也一定能找到一份比小龙好的工作。于是，小育拒绝了原来那家食品公司的签约请求，在接下来的日子里，他把眼光都放在大城市的外资或者大型食品企业上，却屡屡碰壁。结果因为高不成低不就，错失了很多机会，小育追悔莫及。

（八）盲目心理

部分学生在选择就业单位时单向考虑自己的就业理想，要求用人单位十全十美，追求高工资、高福利、大单位，对住房、地理位置和工作环境都有高要求，却忽略了如此完美的单位为什么要接纳并不十分优秀的自己这个问题。

这种不结合自己实际情况而产生过高期望的盲目求高心理，使不少毕业生在求职时由于不了解岗位的内在要求或者不知道自己能否胜任某项工作，单纯追求"名望高，荣誉好"的单位，而错过了许多适合自己的工作机会。

二、职场心理问题的调适方法

（一）理性看待，找出差距

首先，初入职场的毕业生有自卑感是一种正常的心理反应。毕业生从校园进入陌生的职场，面对自己不熟悉的领域和工作，坦然认识到自己的不足，并且接受它，要用平和的心态迎接职场的挑战。有自卑感并不可怕，可怕的是有人沉浸其中。有人觉得自己能力仅限于此，选择自我放弃，失去了很多机会。毕业生应该回归理性，找出自己与别人的差距，弥补不足，认准方向往前走。

（二）社会比较，准确定位

将自己与社会上的其他人做比较，通过别人对自己的态度来认识自己。如果一个人对自己的评价与其所获得的各种比较信息基本一致，基本可以认为他的自我认识比较客观。如果不一致，差距很大甚至相反，那就表明他的自我认识不够客观，要引导他们正确定位自己，认识到自身的不足之处，不要总是挑肥拣瘦，导致在瞬息万变的求职竞争过程中迷失方向，丧失理智与冷静。

（三）放松心情，尽力而为

当今社会，就业竞争异常激烈，不仅是知识的比拼，更是个人心理承受能力的一次较量，是对意志力的一次磨炼。毕业生在求职面试时，应当树立自信，学会放松心情，以一种自如的心态面对机遇与挑战。当然，解决紧张、焦虑最有效的办法是充分准备，在面试或考试过程中尽力而为，发挥出最佳的水平。

（四）提升修养，转化动力

嫉妒本身有其合理之处，但过分嫉妒别人就会影响自己的心理健康。若要战胜嫉

妒，就要靠加强自我修养，提高道德水平。一个人的修养水平高了，就不会过于嫉妒或轻视别人了。与此同时，还需要树立正确的竞争观。例如，有时候需要承认自己技不如人，应该学习别人的长处，以弥补自身的不足，化嫉妒为动力。

总之，对别人产生嫉妒并不可怕，关键要看自己能否正视嫉妒，能否升华这种嫉妒之情，将其转化为成功的动力。

（五）具体分析，认识自己

毕业生找工作时，绝不能从众，要对自己有客观积极的评价，做到扬长避短，具体问题具体分析，充分认识自己，根据自己的实际情况寻找合适的工作。工作种类很多，然而并非都适合自己。毕业生可以从自己的学历、专业出发，结合自己的爱好、兴趣、特长、能力、性格等多个方面，寻找适合自己的工作。

总之，选择什么样的单位都要与自身的情况相结合来分析，不要随波逐流。

（六）独立自主，自力更生

对于有依赖心理的人来说，要学会树立独立的人格，提升自己独立生存的能力。对于已经养成依赖心理的人，就要用坚强的意志来约束自己，无论做什么事都有意识地不依赖别人，不按照别人的思维方式思考，也不必顺从别人的意见办事。同时，自己还要开动脑筋，考虑清楚要做的事的利弊，也就敢于独立处理事情了。

例如，有依赖心理的人可以在日常生活中，单独办一件事或者进行一次短途旅游，事事都自己筹划，自己选择，以提升独立能力。

（七）知己知彼，绝不盲目

就业择业要知己知彼。知己就是要实事求是地评价自己，对自己的性格、兴趣、特长等有个明确认识，要明确自己想做什么和能做什么；知彼就是要了解社会环境和工作单位，正确地认识面临的就业形势，了解社会需要什么样的人才，社会允许你、支持你做什么。盲目地去竞争那些不适合自己的单位，用自己的劣势与别人的优势竞争，最终被淘汰。

（八）合理定位，科学看待

部分毕业生在选择就业单位时，对用人单位各方面都要求比较高，追求高工资、高福利、大单位。符合自己理想的单位固然好，但毕业生在求职时，要衡量一下自己的能力水平，给自己一个合理的定位，考虑清楚自己的能力能否胜任该职位。求职择业中"高不成，低不就"的择业心态只会让你与机会失之交臂。不能一味地对用人单位提出种种苛求，要以发展的眼光科学看待自己的职业和未来发展。

三、调整职场心态的技巧

毕业生在求职过程中或多或少会遇到一些心理问题或心理误区，因此必须学会调整心态，放松心情，这样才能在求职的道路上稳步前进。常见的心理调适技巧总结如下。

（一）合理宣泄

当毕业生处于焦虑、抑郁等消极的状态时，不能一味把自己的不良心情埋在心底。当挫折情绪已经带来巨大的心理压力，而一时难以克服困难化解压力时，可以主动地把心理压力转化为适度的情绪反应，并通过适当的方法发泄出来。

（1）向知心朋友或老师倾诉，把自己心中的不快说出来。

（2）可以大哭一场，使紧张的情绪得以缓解或消除。

（3）参加一些大运动量的户外活动，如打球、跑步、登山等。

另外，需要注意的是，发泄时一定要注意场合、身份、气氛，注意应适度，选择参加无破坏性的活动。

（二）放松情绪

毕业生产生心理问题的原因大多是紧张、焦虑，这都是找不到适合自己的工作而产生心理压力引起的。在学习和生活中，当紧张与焦虑带来负面影响甚至导致毕业生不能正常学习和生活时，便应加以调整。放松情绪的常用方法有呼吸松弛法、想象放松法和肌肉放松法。下面介绍呼吸松弛法的步骤。

（1）全身放松，闭上眼睛，排除杂念，保持呼吸均匀。

（2）开始进行深呼吸，吸气时双手慢慢握拳，微曲手腕，最大吸气后屏息一段时间，再缓慢呼气，双手放松，全身肌肉处于松弛的状态。

（3）按照上述要求进行重复呼吸，连续呼吸20次以上，呼吸频率为每分钟10~15次（因人而异，可通过定期自我训练，在实践中自我体会，确定最佳呼吸频率）。

课后可进行针对性练习，每天1~2次，每次10~15分钟。可采用坐位或者卧位方式进行。

（三）自我激励

毕业生在面试中常常出现胆怯、信心不足等现象，可以通过积极的自我暗示、自我激励进行调节，增强自信心。例如，运用内部语言或书面语言来调节情绪，在心里默念"我会发挥得很好""我一定能成功"。

（四）转移注意力

毕业生出现不良情绪的时候，可以采取注意力转移法，把注意力从引起不良情反应的情境转移到其他感兴趣的事物上，或者进行其他活动，如读书、下棋，唱歌，看电影等，待情绪稳定后再想解决问题的办法。

四、职场中应具备的心态

（一）坚强的意志

古今中外的仁人志士，哪一个不是从坎坷与挫折中走过来的？一时受挫并不能代表永远失败。挫折并非只能打击人，它能促使失败者振作起来。面对挫折，正确的态度应该是具有面对失败的不屈性，成为战胜挫折的强者。毕业生应该把挫折视为锻炼意志、提高自身能力的机会。

（二）十足的自信

自信是一个健全人，必须具备的心理素质，是前进的动力和成功的保障。大多数有所成就的人，尽管各自的出身、经历、思想、性格、兴趣、处境等不同，但他们对自己的才能、事业和追求都充满必胜的信念。他们相信自己能积极适应环境，用艰苦的奋斗改变命运，实现自己的人生价值。可以说，拥有自信是成功必备的条件之一。

（三）积极的心态

面对市场竞争和就业压力，职业院校毕业生的求职之路总会遇到一些困难、挫折甚至是委屈，抱怨是没有用的，更重要的是调整自我心态，提高应对各种突发事件的能力。其实，就业的过程也是重新认识自我、发现自身缺点的过程，发现问题之后，不必懊恼，应该正确面对自身暴露出来的问题，积极改变自己、发展自己，使自己的人格更加成熟，让未来的人生道路更加顺畅。

（四）准确的认知

所谓认知，就是我们看待事物的方式，包括一个人的思想观点，阐述事物的思维方式，评价是非的标准以及对人对事的基本信念等。积极健康的认知是指个体认识与客观事实相符，不歪曲事实。一个人若要拥有健康的认知，就应该正确认识自己，接受自己，维护自己，提高自己，并在此基础上形成积极正确的自我观念，摆正位置，扬长避短，不好高骛远，不给自己提出不现实的目标。与此同时，也要正确认识别人，经常进行换位思考，站在别人的立场上考虑问题，多看到别人的优点，避免认知偏差，因为只有这样，毕业生才能以积极心态应对就业问题。

五、培养积极职场心态的方式

（一）转变固有的就业观念

就业观是人们对就业的看法和观点。随着时代的发展，毕业生要学会转变固有的就业观，要适应社会主义市场经济的需要，抛弃陈旧的就业观念，树立起市场竞争、积极进取、艰苦创业的就业意识。同时，以社会需要为出发点，主动到社会生产、建设、管理、服务等一线岗位工作，在平凡的岗位上创造出不平凡的成绩。毕业生在求职时不能只考虑经济收入、工作条件、地点等因素，更要考虑该工作对自己一生发展产生的影响与作用，应看重职业能否帮助自己实现自我价值，并且把自身价值的实现和满足国家的需要、促进社会经济的发展有机联系起来。因此，对于那些虽然现在工作条件较差，但

未来发展空间大,能充分发挥作用的单位要优先考虑;对于那些虽然现在经济发展水平不太高,但发展潜力大,创业机会多的工作地区要给予重视。

(二)引导学生正确认识自我

知人为聪,知己为明;知人不易,知己更难。若要正确认识自我,则要求职业院校毕业生知道自己适合什么样的职业、需要什么样的职业,自己的优、劣势和择业标准是什么,以目前的能力能做什么样的工作,有哪些发展潜力等。许多毕业生通过求职活动发现自己的能力与水平并不像以前想象得那么高,从而容易产生失望、悲观、不满的情绪,当产生此类情绪时,要及时进行自我调整。

(三)提升能力并增强职业竞争能力

提升能力并增强职业竞争能力,是培养毕业生拥有良好职场心态的基础。第一,学生一进校门就要自觉把自己的专业与以后的就业联系起来,掌握扎实的专业理论知识,培养自己的实践操作能力。第二,学生要不断充实自己,在完成学业同时,不断提高综合素质和能力,如写作能力、交往能力等,提高自己的竞争优势。第三,制定好职业生涯规划,是提高自身职业竞争能力的有效手段。合理的职业生涯规划能够使学生正确认识自我、了解自我,进一步了解社会因素对择业的影响,而且还能够使学生通过一系列的科学测定,对自己的职业倾向、发展潜力有总体把握,最终能够规划好自己的人生。

> **职场小贴士**
> 职业院校学生从毕业离校到完成从在校学生向职业人转型的过程不仅反映了其身份的变化,更反映了其内心世界发生的巨大变化,是每个职业院校学生一生中重要的转折。对于即将毕业的学生来说,若要顺利度过这个过程,完成转型,融入社会,需要自觉加强就业心理准备,要努力提高自我调节能力,用良好的心态面对就业问题。

职业训练

小亮和小峰都是某职业院校食品加工与检测专业的学生,还是班级同学。临近毕业，他俩的工作都还没有着落，不免担心起来，每天茶饭不思。他们从老师那里听到消息，开发区有一家属于世界500强的食品企业正在招聘，不约而同，他们同时报了名。因专业限制，参加应聘的人不多，加之两人在笔试和面试过程中都表现都不错，两人同时被录用的机会很大。最终小亮成绩排名第一，小峰紧随其后，一同进入最后一轮面试，但这时，公司招聘人员称因公司刚引进了一位海外归来的博士，所以这次招聘计划临时改为只招聘他们中的一人。这对小峰和小亮来说不是好消息。不过既然机会难得，他们还是决定参加最后的面试。小峰面试过后，小亮参加面试，他的表现主考官很满意，但最后问他："听说你已经与另一家公司签协议了是吧？那为什么还参加我们公司的面试？"小亮听后丈二和尚摸不着头脑，说："没有这样的事啊！因为协议书有编号，每人只能拥有一份，也只能签一个单位，对了，协议书我在随身包里带着呢。"随即，他拿出了空白的协议书。面试过后第三天，公司通知小亮被录取了，小亮顺便追问了一下协议书的问题是怎么回事，招聘人员让他问小峰。在小亮的追问下，小峰说他很想得到这份工作，看见小亮排在自己前面，成功的可能性很大，产生了莫名的嫉妒心理，所以对用人单位谎称小亮已跟别的公司签约，没想到搬起石头砸了自己的脚，他现在对自己的行为很后悔。小亮非常失望，没想到多年的同学情在就业考验面前不堪一击。

讨论：

1. 小亮和小峰遇到了怎样的职场心理问题？
2. 针对小亮和小峰的情况，调整他们职场心态的方法有哪些？
3. 小亮和小峰应具备的职场心态是什么？

职业探讨

小佳今年21岁，是某职业学校装潢设计专业的学生。毕业之际，大家都忙着找工作，有的同学平时专业技能不错，而且积极主动，不到一周就找到了心仪的工作。小佳则整天待在家里，无所事事。父母心急如焚。小佳说："妈妈，小李的工作就是他的舅舅帮忙解决的，你也把我的工作问题解决了呗！"突然，班主任发来

学校组织招聘会的消息。第二天，小佳的妈妈带着小佳，来到了招聘会现场。招聘会上，小佳妈妈帮她递简历，替她回答问题……人事经理直言："这么大了，还这么依赖父母，以后在工作中可怎么办？"直至招聘会结束，小佳都没有收到任何一家单位的面试通知。

讨论：
1．请分析小佳的外在行为表现。
2．请分析小佳的内在心态。
3．调整这种心态的方法是什么？

职业分享

在日常生活中，你运用过哪些调节情绪的方法？你觉得其中哪些最有效，请分享给大家。

职业提升

列举职场中的消极心态，描述其特征，并选择适当的方法对其进行调整，努力克服自己在职场中遇到的困难，将其填入表 2-1 中。

表 2-1　职场中的消极心态及其对应的调整方法

职场中的消极心态		调整方法
名称	基本特征	

职业感悟

感悟 1：

感悟 2：

2.2　职场心理学

※案例 2.6

没有升职的原因

王芸到公司工作快三年了，而比她后来的同事都陆续得到了升职的机会，她却原地不动。终于有一天，她冒着被解雇的危险，找到老板理论。"老板，我出现过迟到、早退或违法乱纪的现象吗？"老板干脆地回答"没有"。"那是公司对我有偏见吗？"老板先是一怔，继而说"当然没有。""为什么比我资历浅的人都可以得到重用，而我却一直在微不足道的岗位上？"老板笑笑说："你的事咱们等会儿再说，我手头上有个急事，要不你先帮我处理一下？""一家客户准备到公司来考察产品状况，你联系一下，问问他们何时过来。"一刻钟后，她回到老板办公室。"联系到了吗？"老板问。"联系到了，他们说可能下周过来。""具体是下周几？"老板问。"这个我没细问。""他们一行多少人？""啊！您没问我这个啊！""那他们坐火车还是飞机？""这个您也没叫我问呀！"

老板不再说什么了，他打电话叫张怡过来。张怡比王芸晚到公司一年，现在已经是一个部门的负责人了。张怡接到了与她刚才相同的任务。一会儿工夫，张怡回来了。"哦，是这样的……"张怡答道："他们是乘下周五下午3点的飞机出发，大约晚上6点到，一行5人，由采购部王经理带队。我跟他们说了，咱们公司会派人到机场迎接。""另外，他们计划考察两天时间，具体行程到了以后双方再商榷。为了方便工作，我建议把他们安置在公司附近的酒店，如果您同意，明天我就提前预订房间。"

王芸的脸不禁发红，不好意思再说什么就退出了办公室。

讨论：

1. 王芸没有升职的原因是什么？

2．王芸在日后的工作中可以提升哪些方面的能力？

一、学会与自己相处

被誉为"南非国父"的曼德拉，曾历经长达 27 年的牢狱生涯。出狱后有人问他："是什么力量使您在孤独中充满活力？"曼德拉回答："博爱的精神加上强健的体魄。"可见，精神的支撑至为重要，能让人在孤寂困厄中顽强挺立。社会交往是人的基本需求，但人的一生，或多或少都要面对如何与自己相处。哲学家芝诺曾被问及："谁是你的朋友？"他说："另一个自我。"学会与自己相处，其实就是找到另一个自己——把脚步放慢，给自己更多的时间去观察、去思考，使自己成为一个能够充满智慧的人。

学会与自己相处可分为学会自我欣赏、客观认识自己、学会接纳自己、学会自我提升四个方面。

（一）学会自我欣赏

人们常说："我们要学会欣赏别人。"欣赏别人固然重要，但悟透自己和学会自我欣赏更重要。"金无足赤，人无完人"。只有学会认真欣赏自己，才能够拥有一个真正的自我。

每个人都有自己独特的魅力。初入职场，你可能因为自己智力平平、貌不惊人而垂头丧气；也可能因为生活不顺、身处逆境而自暴自弃。在这个时候，最需要的是静下心来欣赏自己，欣赏你自己的耐力、欣赏自己的勇气、欣赏自己的信心。因为，只有自我欣赏，才能增添自信；只有自我欣赏，才能让你在职场上越走越远，拥有面对一切逆境的勇气。

（二）客观认识自己

西方有一句名言："每个人都是自己命运的设计师和建筑师。"

一个优秀的职场人应该能够进行自我管理，能够从本性出发引导自己。自我管

理的第一步就是客观认识自己，应有明确的自我认知，其中包括自己的优点，自己的缺点，自己的价值观，自己的处事原则，自我成就的目标等。保持自我管理的好习惯是难能可贵的，短期内或许难见成效，但将结果诉诸时间，你会感受到它的巨大价值。

（三）学会接纳自己

自我接纳，是指个体对自我及其一切特征采取一种积极的态度。简言之，就是能欣然接受现实自我的一种态度。

自我接纳包含两个层面的含义：第一层是能确认和悦纳自己身体、能力和性格等方面的正面价值，不因自身的优点、特长和成绩而骄傲；第二层是能欣然正视和接受自己现实的一切，不因存在的某种缺点、失误而自卑。在职场中，我们要发现自己身上的优点，也要认真对待工作中存在的不足之处，并不断改正。

（四）学会自我提升

现代社会是一个终身学习的社会，作为职场新人，更应该懂得学习的重要性。只有积极地去接触新的思维、技术、方法，才会跟得上时代的步伐。不少职场人自从进入职场便停下了学习的脚步，不再更新自己的知识结构，逐渐被淘汰。

坚持学习，相信对知识学无止境的行动力将会为你带来由内而外的提升，为职业发展注入活力。比如，可以给自己制定一些小计划，如计划这个月看三本书，计划今年考取一个证书。逆水行舟，不进则退，只有学会自我提升，我们才能在职场立于不败之地。

二、学会与同事相处

现代社会注重团队合作，如果不能很好地与同事相处，就会导致团队的工作效率低下。一个人若不能融入同事当中，也容易被集体排除在外。因此在职场当中，我们必须学会与同事相处。

学会与同事相处可以分为学会沟通交流、学会换位思考、学会团队合作、学会责任担当四个方面。

（一）学会沟通交流

与人沟通，最重要的是尊重，给予对方该有的尊重。在与同事的相处中，要善于倾听和询问，宽容大度，摆正自己的心态，端正自己的态度。

那么，应该怎样与同事沟通交流呢？

在尊重别人的基础上掌握沟通技巧，积极地传达自己的意见，这对职场生活大有裨益。善于沟通的职场人会从对方的需求出发，清晰明确地表达自身观点，言之有物，从而增强自己的影响力。简洁而完善的沟通会使一件事变得很轻松，而且会起到意想不到的效果。

另外，在平时的工作中，要懂得积极主动地和同事打交道，和同事相互交流的东西多了，自己也会收获到平时收获不到的经验。

※案例2.7

小孙的遭遇

小孙两年前到一家建筑公司从事建筑设计工作。在工作中，小孙认真负责，但很少与同事交流。有一次，他利用双休日加班，将已经拟定的设计方案自作主张地做了修改，也没有备份。为此，设计室主任狠狠地批评了他，同事们也只好陪着他加班重新赶制设计图。小孙却认为自己的设计有创意，因此心中对主任和同事很是不满。后来，同科室的同事出差时请他帮忙取一个包裹，或职称考试时求他代班，小孙都不愿意，他认为自己做好分内的工作就够了，没必要为别人做什么，也没必要和别人有太多交流。不久后，他便成了单位里的孤家寡人，连去食堂吃饭，别人也不愿意和他坐同在一个餐桌前。

（二）学会换位思考

相互理解是人与人相处和交往的重要条件。

在职场中，我们每天都要和不同的人打交道，在这个过程中，要学会带着相互理解的友善交流，懂得换位思考，当别人遇到困难的时候，不奚落对方；当别人表达意见的时候，不扭曲对方的意思，懂得站在别人的角度上看待问题，从别人的角度出发思考问题，试着体会别人的心情。

（三）学会团队合作

"一个人可以走得很快却走不远，一群人虽然走得很慢却可以走很远。"自古以来，团队的力量都是无穷的，赤壁之战，是历史上以少胜多的著名战役。这次战役能让曹操败北，是孙权和刘备联合作战的结果。

在职场中，一个团队的力量远大于某一个人的力量。每个成功的职场人背后都有一个成功的团队。团队可以让个人学会在相互合作之中解决问题，同时也提高了工作效率。一次好的团队合作经历，有助于职场人积累资源。好的团队总是能够相融互补，从而形成一个有机的整体。

（四）学会责任担当

责任感是一个人对自己、自然界和人类社会，包括国家、社会、集体、家庭和他人，主动施以积极有益作用的精神。责任感是一种自觉主动地做好分内分外一切有益事情的精神状态。能否主动承担责任，关键看是否敬重自己的工作，是否可以在工作中认真负责、一丝不苟，善始善终。

无论从事任何行业，任何职位，都要有责任心。推卸责任是职场雷区，也是一个人职业素养缺失的表现。不论工作性质是什么，我们都应该将自己所有的精力和热情倾注在工作中，干一行爱一行。

※案例2.8

勇于担当创造机会

小丁从某职业院校的会计专业毕业一年，目前在某银行的某支行上班。该银行的总行举办了一场演讲比赛，本来支行是派老王去参加的，但是他家里临时有急事去不了。第二天就要比赛了，领导非常着急，问下属有没有能去的，小丁没有思考太多，主动请缨，告诉领导，她可以试试。那个领导对小丁还不是很了解，所以还很怀疑，但是后来实在找不到更好的人选，只好让她去试一试。那天晚上，小丁几乎没睡觉，一直在精心准备，因为她之前有过演讲的经验，进行过这方面的训练，所以难不倒她。第二天参加比赛的时候，她凭借精彩的演讲获得了第一名，领导十分高兴。此后，小丁得到了更多的晋升机会。

这个事情给小丁无限启发，关键时刻要勇于担当。这种担当，不但能赢得机会，还能够锻炼个人能力。一个勇于担当的人，一定是在职场中受到欢迎和尊敬的人。

三、学会与领导相处

（一）了解你的领导

著名的管理学大师彼得·德鲁克说过，提高效力的第一个秘诀是了解跟你合作和你要依赖的人，以利用他们的长处、工作方式和价值观。

在工作中，我们要做的第一步就是要了解与自己合作的人，以便顺利开展工作。我们要准确地知道他们的真实想法和要求，并去适应他们的沟通方式与工作风格，这样就为工作开展和自身发展都奠定了良好的基础。要运用有效的方式方法，让领导了解你的工作，争取得到领导的支持和帮助。在工作中应该冷静、理智，不与人争高低，自重自信，尽力使上下级关系向好的方向发展。

（二）做好本职工作

立足岗位，做好本职工作，要具有强烈的奉献精神，对待工作全力以赴，努力培养自己为企业奉献的精神和品质，把企业的利益放在第一位，不计较个人得失，兢兢业业，如要做到谦虚谨慎、虚心求教、不耻下问、博采众长。有必要广泛听取有不同见解的人群的意见，特别是对方的反对意见，更有必要认真分析双方产生分歧的原因，找出别人持反对意见的内在因素，然后再"对症下药"，只有这样才能解决实际工作中所存在的问题。

同时必须认真总结，逐步提高自己的认识水准，只有这样才能把本职工作做好。久而久之，领导才放心把重要的工作交给你处理，而你才会在实践中得到提升。

（三）学会倾听和理解

我们与领导交谈时，往往是紧张的，注意着他对自己的是褒是贬，构思自己应作的反应，而没有真正听清领导所谈的问题。

好的下属应该不仅理解领导所谈的问题，并且能理解他的话蕴含的暗示。这样，才

能真正理解领导的意图，做出明智的反应。当领导讲话的时候，要排除一切使你紧张的因素，专心聆听。领导讲完以后，你可以稍停片刻思考一下，也可以问一两个问题，真正弄懂其意图。然后概括一下领导的谈话内容，表示你已明白他的意见。

（四）关系合理适度

有人认为想要和领导相处的好就要尽可能地与他们多接触。这种做法并不明智，在工作中好好表现，能尽职尽责，让领导看到你的能力即可，不必与领导走得太近，如果过于贴着领导，不仅会让领导觉得你在溜须拍马，还会与其他同事产生隔阂。

四、学会与客户相处

（一）明确知晓客户需求

在与客户沟通的初期，要充分重视"听"的重要性，会不会听是一个人会不会与人沟通，能不能与人达到真正沟通的重要标志。

若要明确知晓客户的需求，应做到以下两点：

（1）做一名合格的听众，掌握对方心理和需求，在沟通过程中有的放矢。

（2）善于表达出自己的观点与看法，抓住客户的心，使客户接受你的观点。

（二）对待客户真诚热情

真诚的态度是决定一个人做事能否成功的基本要求。对待客户，必须抱着一颗真诚的心，我们要诚恳对待客户，站在客户的立场为客户着想。热情是最具有感染力的一种情感，当你热情地和客户交流时，客户也会同样对你。

在客户面前，要注意保持面带笑容、态度和蔼、语言亲切，不管压力有多大，都要不急躁、不心烦，镇静自如地对待客户。客户有情绪要尽量解释，绝不能与客户争吵；发生矛盾时要恭敬谦让。

（三）基本准则诚实守信

诚实守信，是一切职业道德的立足点。它要求各行各业的从业人员都能在各自的工作中，培养诚实守信的观念，忠诚于自己从事的工作，信守自己的承诺。

只有树立起"诚信为本""童叟无欺"的形象，企业才能够不断发展壮大。在与客户相处时，一定要诚信为上，如要如实告知客户有关公司文化、产品的情况以及为客户提供服务的水平。答应客户的事情，一定要竭尽全力办到。

（四）不要吝啬你的赞美

人性最深切的渴望就是拥有别人的赞赏，这使人类有别于其他动物。

在职场中尤其是面对你的客户的时候，千万不要吝啬你的赞美。因为赞美别人的话，不仅会让人心理得到极大满足，心情愉悦，而且可以感受到别人的尊重和认可。学会赞美别人不但可以拉近你和对方的距离，同时也能让你得到别人的喜爱。

> **职场小贴士**
>
> 初入职场，面对陌生的环境，人们难免局促不安。这时不要惊慌，保持冷静，学会和自己、和同事、和领导、和客户和谐相处，了解一定的职场心理学，这有助于你在日后的职业生涯中获得更好的发展。

职业训练

※案例 2.9

选　择

一位女客户带着朋友走进一个服装店。服务员迎了上去，说："女士，你好漂亮。你穿着好有品位，一看就知道你很懂得搭配服装。"女客户笑道："嗯，谢谢。"服务员接着道："随便看吧，我想我不用推荐，您的眼光一定能在本店挑出令自己满意的衣服。"女客户在服务员的心理暗示下，开始搜寻服装。此时，服务员开始与她的朋友聊天。

"你知道吗？我以前也经常陪朋友去买衣服，后来觉得买衣服是女人的享受。""是吗？我俩经常逛街。""一看就看出你俩很有姐妹缘。"此时，那个客户挑好衣服了，"女士，这件衣服销量很不错的，你的眼光引领时尚潮流啊！先去试试？"客户试衣出来。"让你的朋友帮你看看，合适不合适。""还不错。"那位陪伴来的朋友说。"我想打扰问一下，你们买这套衣服想在什么场合穿呢？""就平常休闲的时候穿，没什么场合。"客户说。"那这件衣服挺合适的，当然，最好搭配那条裤子，或者这个裙子。因为这样的搭配很适合你的肤色，我们店里专门有色彩搭配师，可以帮你搭配每一套衣服的颜色。"

"嗯，那我去试一下。""好的。"客户再一次试衣出来。"效果很不错哦！让镜子来告诉你！"把她引到镜子前，同时帮助她理好服装。"是不错哦。"她的朋友说。"我们这边有速照纪念服务哦，先来给你拍一张吧。"照片出来后，客户微笑着点点头，表示满意。

"这一套多少钱呢？""衣服388元，裙子188元，整套给您打9折，同时赠送一张我们店里的VIP卡。"客户爽快地成交了，并且留下了联系方式，办了VIP卡。

"我们店推出了一个陪伴活动，是专门赠送礼物给陪伴客户一起来买东西的朋友的，来，这个礼物送给你的朋友，另外一个送给你。"

"我们店里每一套服装都是经过精心挑选的，经过色彩分析师分析，色彩搭配师搭配，争取做到每一套衣服都适合客户。我们的宗旨就是不卖给客户不适合的衣服。谢谢光临，请慢走。"

讨论：

1. 在销售过程中，服务员是如何了解客户需求的？
2. 在这个案例中，服务员是如何引导客户，最终达成销售的？
3. 此案例中，值得你学习的与客户相处的小技巧有哪些？

职业探讨

小贾是某公司销售部一名员工，为人比较随和，不喜争执，和同事的关系处得都比较好。前段时间，小贾发现他的好几个客户跑到同一部门的小李那里去了，仔细一想，这段时间小李似乎是处处和他过不去。起初，小贾觉得都是同事，没什么大不了的，忍一忍就算了。但是，看到小李如此嚣张，小贾赌气告到经理那里了，于是经理把小李批评了一通。小李气不过，再也没有和小贾主动说过话。从此，小贾和小李在公司也不说话。

过了几个月，公司有一个着急的大单需要整个部门通力合作才能完成。时间紧，任务重，尽管之前小贾和小李有隔阂，但在这样的情况下，他们不得不放下之前的成见而选择合作，进而完成这一次的销售任务。经过一段时间的相处，两人发现之前的事情双方存在误会，作为销售人员，大家肯定都希望把业绩提上去。带着互相理解和换位思考的心态，两人握手言和，通力合作，还成了好朋友。

讨论：
1．在职场中，一味忍让是否可以解决问题？
2．此案例中，小贾和小李是如何消除误会的？
3．在职场中，应该怎样和同事友好相处，以便顺利开展工作？

职业分享

请你采访2～3名学长、学姐，了解他们进入职场后印象最深刻的小故事并记录下来，为以后的职场生活做好心理准备。

小故事1：

小故事2：

职业提升

职场心理学效应见表 2-2。

表 2-2 职场心理学效应

职场心理学效应
1. 蘑菇定律 　　蘑菇定律（又名萌发定律）是 20 世纪 70 年代由国外的一批年轻计算机程序员总结出来的。它的原意是：长在阴暗角落的蘑菇，因为得不到阳光又没有肥料，常面临自生自灭的状况，只有长到足够高、足够壮的时候，才被人们关注。 　　蘑菇定律是指初入世者，常常会被置于阴暗的角落，不受重视或打杂跑腿，接受各种无端的批评、指责、得不到必要的指导和提携，处于自生自灭的过程中。但是，蘑菇的生长必须经历这样一个过程，人的成长也肯定会经历这样一个过程。 **2. 安泰效应** 　　安泰效应是一旦脱离相应条件就失去某种能力的现象。因此，要学会依靠同事、依靠集体。寓意就是没有群众的支持，都是软弱无力的。"水失鱼，犹为水；鱼无水，不成鱼。" 　　也就是人们常言的"众人拾柴火焰高""众人划桨才能开大船"。对于职场人来说，若要做成事，就要经营好人际关系，因为好的人际关系，会使你事半功倍。 **3. 杜根定律** 　　强者不一定是胜利者，但胜利迟早属于有信心的人。换句话说，你若仅能接受最好的，最后得到的常常也就是最好的，只要你有自信。 　　一个人胜任一件事的可能性，85% 取决于态度，15% 取决于智力。所以一个人的成败，取决于他是否拥有自信。假如这个人是自卑的，那么自卑就会扼杀他的聪明才智，消磨他的意志。 　　所以，职场人需要做到：若要出色的完成工作，先点亮心中的自信明灯。 **4. 比伦定律** 　　比伦定律是指若是你在一年中不曾有过失败的记载，你就未曾勇于尝试各种应该把握的机会。万象世界，成败相依。比伦定律辩证地认知了"失败"，把失败视为成功的前奏，认为失败也是一种机会。面对失败是企业成长过程中避免不了的问题。 　　在人生旅途中，机会无处不在，但又是稍纵即逝的，你不可能做好所有准备后再寻找机会。这就要求我们有一种试错精神。即使最后证明自己错了，也不会后悔。因为你把握了机会，而且至少知道了，你先前把握机会的方式是行不通的。人们常说失败是成功之母，失败是一笔财富，正是此意。在职场中不要有畏惧心理，只要在行动，只要在思考，无论成败，都是在进步。 **5. 鲁尼恩定律** 　　赛跑时不一定快的赢，打架时不一定弱的输。 　　发展快自然不是一件坏事，但没有质量的快，肯定是一件坏事。竞争是一项长距离的赛跑，一时的领先，并不能保证最后的胜利，阴沟里翻船的事常有发生。同样，一时的落后并不代表永远落后，如果奋起直追，你就会成为"笑到最后的人"。愿职场中的你成为笑到最后的大赢家。 **6. 布利丹效应** 　　14 世纪，在一次议论自由问题时，法国经院哲学家布利丹讲了这样一个寓言故事：一头饥饿至极的毛驴，站在两捆完全相同的草料中间犹豫不决，不知道应该先吃哪一捆，结果被活活饿死了。

续表

职场心理学效应
后来，人们常把决策中犹豫不决、难下决定的现象称为"布利丹驴"。 作为职场新人，在资源和精力有限的情况下，合理分配显得尤为重要。所以想要做好事情，先分清轻重缓急。 **7．反馈效应** 松下幸之助有一次在一家餐厅招待客人，一行六人都点了牛排。等六个人都吃完主餐，幸之助让助理去请烹调牛排的主厨过来。助理注意到，幸之助的牛排只吃了一半，心想一会儿的场面可能很尴尬。 主厨来时很紧张，因为他知道叫他过来的客人是大名鼎鼎的松下先生。他紧张地问道："是不是牛排有什么问题？"幸之助略带歉疚地说："牛排很美味，但我只能吃一半。原因不在于厨艺，牛排真的很好吃，你是一位非常出色的厨师，但我已80岁了，胃口大不如前。"幸之助接着指出："我想当面与你谈，原因是我担心，当你看到只吃一半的牛排被送回厨房时，心里会难过。"在这里，幸之助所运用的就是即时反馈的技巧。 在职场中，我们一定要积极有效的反馈，如果沉默，可能会让其他人无所适从。 **8．登门槛效应** 登门槛效应，是指一个人一旦接受了他人一个微不足道的要求，就有可能接受更大的要求。这种现象，犹如登门坎时，要一级台阶一级台阶地登，这样能更容易更顺利地登上高处。 心理学家认为，一般情况下，人们都不愿接受较高、较难的要求，因为费时费力又难以成功。相反，人们却乐于接受较低且容易完成的要求。在实现了较低的要求后，人们才能慢慢地接受较高的要求。 而对于职场新人而言，要做得是擅用登门槛效应，借力使力，步步为营。

职业感悟

感悟1：

感悟2：

主题评价

根据主题内容，学生完成自我小结并进行自评打分。教师根据学生活动情况进行点评并完成教师打分。最后按自评分 ×40% ＋教师评分 ×60% 计算得分，见表 2-3。

表 2-3 心理建设评价表

	评价内容	评价标准	权重	自评	师评
知识储备	识别常见的就业心理问题	能归纳常见的就业心理问题的分类	10 分		
	了解调适职场心理问题的方法和技巧	能熟练掌握调适职场心理问题的方法和技巧	10 分		
	知晓职场心理	能学会和自己、同事、领导、客户相处	10 分		
拓展提升	职业训练	能根据知识储备完成案例的探讨和分析	10 分		
	职业探讨	能运用所学知识进行案例分析	10 分		
	总结归纳	能独立完成总结归纳任务	10 分		
职业素养	语言表达能力	能把想法和意图清晰明确地表达出来	10 分		
	信息获取能力	能从多种渠道获取所需的信息	10 分		
	解决问题能力	能提出合理化建议和创新见解	10 分		
	团队合作能力	能各尽所能、与其他成员协调合作	10 分		
	综合评分		100 分		

走进企业　主题三

　　走进企业是毕业生从学校迈向职场的第一步。刚离开学校时，大多数毕业生总会带着固定的学生思维去思考和行动，而在走进企业后，通过初识企业文化和融入企业生活，一步步提升综合能力，从而在职场上展露风采。本主题主要介绍初识企业文化到融入企业生活这一阶段的相关知识，这是由毕业生迈入职场的关键时期，是每个毕业生职业生涯的必经之路，也是融入企业文化的重要历程。毕业生通过努力融入企业生活，不断地认识并超越自己，迎接未来。

3.1 初识企业文化

※案例 3.1

从在校生到实习生

吴哲刚开始实习时,准备好了相关资料和证件,按公司要求办理好实习手续。他开始实习后,工作中的一切都是陌生的,从学校到企业,身边的环境发生了很大变化。进入公司的最初两天,他主要学习的是公司管理制度、主要业务及文化等,随着对公司情况的了解,吴哲的组长开始带他接触客服这份工作的具体内容,并进行实际操作。

实习期间,吴哲很喜欢在上班前站在楼下仰望公司所在的这栋大楼,默默告诉自己这是他事业梦想开始的地方,踏入公司,映入眼帘的是公司的名称标志,宣传栏里展示着公司最新的公告和最近表现突出的员工的照片,墙壁上贴着名人名言,走到自己的办公桌前,翻开《员工手册》,里面记录着公司的相关管理制度和员工工作指导事项,每当翻开这本小册子查看相关内容时,吴哲感觉自己对公司文化的了解又加深了一层。身在公司,他感受到很大的压力,同时又感觉充实,还有浓浓的幸福感。犹记得有一次他接待一位客户时,被劈头盖脸一顿骂,他没有顶撞,而是秉着岗位要求,为客户解决问题,但事后他的心情还是受到一些影响,甚至有些低落。组长得知后,跟吴哲分享了自己的经历,鼓励他跨越眼前的困境,让他明白企业生存法则,以后发生了问题要学会自己面对。

通过这段时间的实习,吴哲深刻地认识到从学校步入社会后,置身于一个陌生的环境中时,对未知事物的恐惧会阻碍工作的前进,但只要踏实努力,保持一颗不变的求知心,保持一定的亲和力,与同事友好相处,即便在陌生的环境中也会游刃有余。

讨论：

1. 吴哲实习后观察到的公司环境有哪些特点？
2. 了解吴哲的实习过程后，你得到了哪些启示？

一、企业文化内涵

（一）企业文化定义

企业文化是在一定的条件下，企业生产经营和管理活动中所创造的具有该企业特色的精神财富和物质形态。

企业文化包括企业愿景、文化观念、价值观念、企业精神、道德规范、行为准则、历史传统、企业制度、文化环境、企业产品等。

企业文化中价值观是企业文化的核心。

（二）企业文化层次

1．表面层

表面层的物质文化称为企业的"硬文化"。其物质文化包括企业标志、宣传标语、机械设备、产品造型（外观、质量）等。

2．中间层

中间层的制度文化包括企业领导体制、人际关系以及各项规章制度和纪律等。

3．核心层

核心层的精神文化被称为企业"软文化"。其精神文化包括各种行为规范、价值观念、企业群体意识及员工素质和优良传统等是企业文化的核心，被称为企业精神。

（三）企业文化要素

特伦斯·E·迪尔和艾伦·A·肯尼迪把企业文化整个理论系统概述为五个要素，

即企业环境、价值观、英雄人物、文化仪式和文化网络。

1．企业环境

企业环境是指企业的性质、企业的经营方向、外部环境、企业的社会形象、与外界的联系等方面。企业环境往往决定企业行为。

2．价值观

价值观是指企业内部成员对某个事件或某种行为好与坏、善与恶、正确与错误、是否值得仿效的一致认识。价值观是企业文化的核心，统一的价值观使企业内部成员在判断自己行为时具有统一的标准，并以此来决定自己的行为。

3．英雄人物

英雄人物是指企业的核心人物或企业文化的人格化。它的作用在于作为一种活的样板，给企业中其他员工提供可供学习的榜样，对企业文化的形成和强化起着极为重要的作用。

4．文化仪式

文化仪式是指企业内部的各种表彰、奖励、聚会以及文娱活动等。它可以把企业中发生的某些事情戏剧化和形象化，以此来生动地宣传和体现企业的价值观，使员工通过这些生动活泼的活动来领会企业文化的内涵。

5．文化网络

文化网络是指非正式的信息传递渠道，主要是传播文化信息。它是由某种非正式的组织和人群组成的，所传递出的信息往往能反映出员工的愿望和心态。

二、企业文化内容

（一）经营哲学

经营哲学也称企业哲学，起源于社会人文经济心理学的创新运用，是一个企业特有的从事生产经营和管理活动的方法论原则。它是指导企业行为的基础。

在激烈的市场竞争环境中，企业面临着各种矛盾和多种选择，因此需要有科学的方法论来指导，还要有逻辑思维的程序来决定自己的行为，这就是经营哲学。例如，日本松下公司的"讲求经济效益，重视生存的意志，事事谋求生存和发展"，这就是它的战略决策哲学。

（二）价值观念

所谓价值观念，是指人们基于某种功利性或道义性的追求而对人们（个人、组织）本身的存在、行为和行为结果进行评价的基本观点。可以说，价值观念决定着人们的追求行为。价值观不是人们在一时一事上的表现，而是在长期实践活动中形成的关于价值的观念体系。

企业的价值观是指企业员工对企业存在的意义、经营目的、经营宗旨的价值评价，以及为之追求的整体化、个异化的群体意识，是企业全体员工共同的价值准则。

因此，企业价值观决定着员工行为的取向，关系企业的生死存亡。若只顾自身经济效益，就会偏离正确方向，不仅会损害国家和人民的利益，还会影响企业的整体形象；若只顾眼前利益，就会急功近利，使企业失去后劲，甚至导致灭亡。

（三）企业精神

企业精神是指企业基于自身特定的性质、任务、宗旨、时代要求和发展方向，并经过精心培养而形成的企业成员群体的精神风貌。企业精神要通过企业全体员工有意识的实践活动体现出来。因此，它又是企业员工观念意识和进取心理的外化。企业精神是企业文化的核心，在整个企业文化中起着支配的地位。企业精神以价值观念为基础，以价值目标为动力，对企业经营哲学、管理制度、道德风尚、团体意识和企业形象起着决定性的作用。可以说，企业精神是企业的灵魂。

企业精神通常用一些既富于哲理又简洁明快的语言表达出来，便于员工铭记在心，用于时刻激励自己；也便于对外宣传，容易在人们脑海里形成印象，从而在社会上形成个性鲜明的企业形象。如北京王府井百货大楼的"一团火"精神，就是用自己发出的光和热温暖别人，其实质就是奉献服务；而西单商场的"求实、奋进"精神，体现了以求实为核心的价值观念和真诚守信、开拓奋进的经营作风。

（四）企业道德

企业道德是指协调企业与企业之间、企业与客户之间、企业与内部员工之间关系的行为规范的总和。它是从伦理关系的角度出发，以善与恶、公与私、荣与辱、诚实与虚

伪等道德范畴为标准来评价和规范企业。

企业道德与法律法规、制度规范不同，不具有强制性和约束力，但具有积极的示范效应和强烈的感染力，当被人们认可和接受后具有自我约束的力量。因此，它具有更广泛的适应性，是约束企业和员工行为的重要手段。

例如，中华老字号——同仁堂之所以多年长盛不衰，在于它把中华民族优秀的传统美德融入了企业的生产经营过程中，形成了具有行业特色的职业道德，即"济世养身、精益求精、童叟无欺、一视同仁"。

（五）团体意识

团体即组织，团体意识是指组织成员的集体观念。团体意识是企业内部凝聚力得以形成的重要因素。

企业团体意识的形成使每个员工把自己的工作和行为视为实现企业目标的一个组成部分，使他们对自己作为企业的成员而感到自豪，对企业的成就产生荣誉感，从而把企业视为自己利益的共同体和归属。因此，员工就会为实现企业的目标而努力奋斗，自觉地克服与实现企业目标不一致的个人行为。

（六）企业形象

企业形象是企业通过外部特征和经营实力表现出来的，被公众所认同的企业总体印象。由外部特征表现出来的企业的形象称表层形象，如招牌、门面、广告、商标、服饰、营业环境等，这些都给人以直观的感觉，容易形成印象。通过经营实力表现出来的形象称深层形象。

企业形象是企业内部要素的集中体现，如员工素质、生产经营能力、管理水平、资本实力、产品质量等。表层形象是以深层形象为基础的，若没有深层形象，表层形象就是虚假的，而且不能长久保持。流通企业主要是经营商品和提供服务，与客户接触较多，所以表层形象显得格外重要，但这绝不是说深层形象可以放在次要的位置。北京西单商场以"诚实待人、诚心感人、诚信送人、诚恳让人"来树立全心全意为客户服务的企业形象，由于这种服务是建立在优美的购物环境、可靠的商品质量、实实在在的价格基础上的，即以强大的物质基础和经营实力作为优质服务的保证，达到表层形象和深层形象的结合，因此赢得了广大客户的信任。

企业形象还包括企业形象视觉识别系统，既是企业对外宣传的视觉标识，也是社会对这个企业的视觉认知的导入渠道之一，还是企业是否进入现代化管理的标志内容。

（七）企业制度

企业制度是在生产经营实践活动中所形成的，对人的行为带有强制性，并能保障一定权利的各种规定。

从企业文化的层次结构看，企业制度属于中间层次，它是精神文化的表现形式，是物质文化实现的保证。企业制度作为职工行为规范的模式，使个人的活动得以合理进行，内外人际关系得以协调，员工的共同利益受到保护，从而使企业有序地组织起来为实现企业目标而努力。

（八）文化结构

企业文化结构是指企业文化系统内部各个要素之间的时空顺序、主次地位与结合方式，企业文化结构就是企业文化的构成、形式、层次、内容、类型等的比例关系和位置关系。

企业文化结构表明了各个要素之间是如何连接的，形成了企业文化的整体模式，即企业物质文化、企业行为文化、企业制度文化、企业精神文化。

（九）企业使命

企业使命是指企业在社会经济发展中所应担当的角色和责任，是指企业的根本性质和存在的理由，其作用是说明企业的经营领域、经营思想，为企业目标的确立与战略的制定提供依据。

企业使命要说明企业在全社会经济领域中所经营的活动范围和层次，具体表述企业在社会经济活动中的身份或角色。它包含的内容为企业的经营哲学、企业的宗旨和企业的形象。

三、企业文化功能

（一）导向功能

所谓导向功能就是通过它对企业的领导者和员工起引导作用。企业文化的导向功能主要对经营哲学和价值观念起指导作用并对企业目标起指引作用。

经营哲学决定了企业经营的思维方式和处理问题的法则，这些思维方式和法则指导经营者做出正确的决策，指导员工采用科学的方法从事生产经营活动。共同的价值观念规定了企业的价值取向，促使员工对事物的评判达成共识，有着共同的价值目标，企业的经营者和员工都为自己认定的价值目标去行动。企业目标代表着企业的发展方向，没有正确的目标就等于没有方向。

卓越的企业文化从实际出发，以科学的态度制定企业的发展目标，这种目标一定具有可行性和科学性。企业员工就是在这一目标的指导下从事生产经营活动。

（二）约束功能

企业文化的约束功能主要是通过完善管理制度和道德规范来实现。

企业制度是企业文化的内容之一。企业制度是企业内部的规则，企业的经营者和企业员工必须遵守和执行，从而形成约束力。

道德规范是从伦理关系的角度来约束企业经营者和员工的行为。如果人们违背了道德规范的要求，就会受到舆论的谴责，内心会感到内疚。

（三）凝聚功能

企业文化以人为本，尊重人的感情，从而营造了一种团结友爱、相互信任的和睦气氛，强化了团体意识，使企业员工之间形成强大的凝聚力和向心力。

共同的价值观念形成了共同的目标和理想，员工把企业视为一个命运共同体，把本职工作看成实现共同目标的重要组成部分，整个企业步调一致，形成统一的整体。这时，"厂兴我荣，厂衰我耻"成为员工发自内心的真挚感情，"爱厂如家"就会变成他们的实际行动。

（四）激励功能

共同的价值观念使每个员工都感到自己存在和行为的价值，自我价值的实现是人的最高精神需求的一种满足，这种满足必将对人形成强大的激励。

在以人为本的企业文化氛围中，经营者与员工、员工与员工之间互相关心，互相支持。特别是经营者对员工的关心，员工会感到受人尊重，自然会振奋精神，努力工作，从而形成幸福企业。

另外，企业精神和企业形象对员工有极大的鼓舞作用，特别是企业文化建设取得成功，在社会上产生影响时，员工会产生强烈的荣誉感和自豪感，他们会加倍努力，用自己的实际行动维护企业的荣誉和形象。

（五）调适功能

调适就是调整和适应。企业中的各个部门之间、员工和员工之间，由于各种原因难免会产生一些矛盾，解决这些矛盾需要各自进行自我调节；企业与环境、与客户、与其他企业、与国家、与社会之间都会存在不协调、不适应之处，这也需要进行调整。

企业哲学和企业道德规范使经营者和普通员工能科学地处理这些矛盾，自觉地约束自己。卓越完美的企业形象就是进行这些调节的结果。调适功能实际也是企业能动作用的一种表现。

（六）辐射功能

企业文化关系到企业的公众形象、公众态度、公众舆论和品牌美誉度。企业文化不仅在企业内部发挥作用，对员工产生影响，它也能通过传播媒体、公共关系活动等各种渠道对社会产生影响，向社会辐射。

企业文化的传播对树立企业在公众中的形象有很大帮助，优秀的企业文化对社会文化的发展起到很大的促进作用。

职场小贴士

企业文化是企业的灵魂,是推动企业发展的不竭动力。学生到企业工作之前,可通过查询企业官网或者网络搜索来了解该企业的文化,提前感知该企业的价值观,以便调整状态,更快适应企业文化。在校期间可通过自己的兴趣搜索一些各行业代表性企业的企业文化,再结合自己的性格特点,从而为就业做好准备。

职业训练

请选择一家自己感兴趣的公司,通过课前网络搜索该公司官方网站,完成以下训练任务:

一、信息检索

每位同学根据自己的理解,将该公司官方网站上有关企业文化的内容按物质文化、制度文化、精神文化三个层次进行归纳总结,填入表 3-1 中。

表 3-1　企业文化内容

物质文化	
制度文化	
精神文化	

二、分组讨论

按内容，企业文化可以分为经营哲学、价值观念、企业精神、企业道德、团体意识、企业形象、企业制度、文化结构、企业使命九个方面。请从每组中选择一项内容进行分类整理。请在中心框填入所选企业文化内容，并将与公司相关的企业文化填入其他框中。

```
┌─────┐  ┌─────┐  ┌─────┐
│     │  │     │  │     │
└─────┘  └─────┘  └─────┘

┌─────┐  ┌─────┐  ┌─────┐
│     │  │     │  │     │
└─────┘  └─────┘  └─────┘
```

_____

_____

_____

_____

三、分组展示

结合公司发展史，按导向功能、约束功能、凝聚功能、激励功能、调适功能、辐射功能进行分组讨论，然后从每组中选择其中一个功能进行展示。

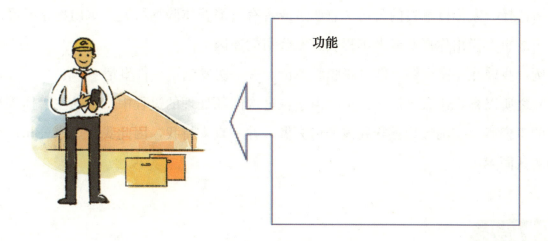

职业探讨

※**案例 3.2**

回顾 3.1 "职业个案"中的案例，从企业文化的角度出发，重新分析吴哲在实习过程中的经历。请根据下面这段内容中吴哲的经历进行分析提炼，找出涉及企业文化三个层次的相关内容，并思考体现了企业文化的哪些功能。如果你是案例中的吴哲，出现了案例中客户的情况，站在初识企业文化的角度，你的反应会有哪些可能情况。

讨论：

1. 表面层的物质文化：_____。
   中间层的制度文化：_____。
   核心层的精神文化：_____。

2. 体现企业文化功能：
   _____。

3. 如果你是吴哲，做出的反应有：
   _____。

职业分享

请选择一家你接触过的公司（兼职过或者有过消费体验均可），举出你亲身经历的一个小故事，说出你喜欢或者不喜欢这家公司的原因。

例：我曾在一家火锅店做过兼职服务员，有一次发生了一件事情……

我之所以喜欢这家火锅店，正是由于在这次问题处理的过程中，我的主管体现出了高度的责任感，他细致地教导我该如何去做，并一直支持我，因此我对这家公司产生了强烈的认同感……

职业提升

请写出自己感兴趣的公司的企业文化价值观的内容，并将其填入表 3-2 中。

表 3-2 感兴趣的公司企业文化价值观的内容

	企业文化	认识评价
1		
2		
3		

> **职业感悟**
>
> 感悟 1：
>
> 感悟 2：

3.2 融入企业生活

> **职业储备**

※ 案例 3.3

职场菜鸟迷茫？努力进步！

实习生小王："我问了很多师兄师姐，他们都说实习最开始的一两个星期，不可

能学到东西,因为你根本没有融入环境。非亲非故的,人家凭什么要教你东西?"最开始实习的时候,小王觉得很不适应。

"实习老师安排给我的工作没有任何技术含量,也和我的专业不对口。"小王坦白说,"不过和同学们一交流,发现大家的工作都差不多,我每天删垃圾帖,我同学是每天发垃圾帖。比较后,心里就好很多了。"

职场新人小陈:"工作一年之后,感觉像机器人,很迷茫。"作为已经工作了一年的职场新人,小陈的说话里出现频率最高的一个字就是"累"。小李2018年毕业,每天早上七点起床赶公交车上班,八点半坐到办公桌前就开始不停地接听和拨打电话、收发邮件,一直到中午十二点半才能吃午饭,稍微和同事聊几句,转眼就到了下午一点半,又要开始下午的工作,然后就要一直忙到晚上九十点,有时甚至连晚饭都来不及吃。"周一到周五,每天如此,周末加班更是家常便饭。工作一年感觉自己很麻木,这不是我想要的状态。"

实习生小王和职场新人小陈在工作中都碰到了一些问题,他们考虑到如果选择逃避就会止步不前,但如果跨越这段适应期,就会进入下一个阶段。最终他们选择了勇敢面对茫然和疲劳,一步一个脚印,碰到问题就想办法解决,如今两人都成了公司的优秀员工。

讨论:

1. 小王和小陈面临的共性问题是什么?这种问题产生的原因可能有哪些?
2. 你觉得小王和小陈会通过哪些具体行动最终使自己成为优秀员工?

一、融入企业生活的主要问题和解决方案

在融入企业生活的过程中,实习生经常会产生理想与现实的错位、急于求成的心理和围城心态等问题,此时需要放平心态,端正态度,踏实前行。

（一）主要问题

1. 理想与现实错位

虽然实习生很清楚当前就业形势的严峻，但在工作上仍希望出现一些较理想化的情况。然而，又有多少人能够进入大公司成为一名白领呢？即便是大公司，在管理上也会存在这样或那样的问题，并不是你所想象得那么完美。更多的实习生进入一些企业工作，每天重复同样的事情可能一两年，与他们的理想有很大差距，因此频繁的跳槽。

2. 急于求成的心理

初入职场的实习生，往往会开始表现得非常积极，充满激情。从他们工作的第一天起，每个人的心中都有一番雄心壮志，都希望尽快脱颖而出，早点晋升公司管理层。实习生有理想和斗志固然很好，对成功的追求与渴求也是正常的，但必须把心态调整好，不可急于求成。很多人都幻想自己能够在最短的时间里，在各个方面都做到最优秀。然而，一旦自己在短期内的努力，没有马上得到回报，就会认为公司不重视人才，在人才的管理方面存在问题，好像自己在这里工作没有前途。如果这种想法产生，可能离跳槽也就不远了。殊不知，老员工无论是在工作能力还是经验方面都较新人有一定优势。也许领导会在对你考察后让你从事更多更重要的工作，急于求成只能让你与机会失之交臂。

3. 围城心态

刚参加工作的实习生在和以前的同学交流的过程中发现，很多人都表现出虽然对目前的工作不满但并不想换工作，甚至对别人的离职特别不理解，纳闷有的同事工作做得还不错，怎么会离职呢？这就是一种"围城"心态：里面的人想出来，外面的人想进去，一山望着一山高。人们大都先讲客观条件，而很少去自我反省。沉下心来，踏踏实实地干一段时间，当真正融入企业里之后，也许你会重新找到自己的定位，发现自己的价值。如果工作一段时间后发现的确不适合自己，那么你可以重新去选择。这样至少可以明确自己的目标，合理规划未来。

（二）解决方案

1. 立足长远兼顾眼前

只有从大局了解公司现状和发展前景，才能够找到自己的定位和今后努力的方

向，这样个人目标和公司目标就会有机地融合到一起，与公司共同成长。所以，刚参加工作时，如果眼光只局限在公司的现状和眼前的利益上，只会打击自己的工作积极性。

2．创造和谐人际环境

对于实习生来说，短期内离职的原因无非就是在公司工作并不快乐。因为，工作的快乐程度很大程度上影响到他们的去留。所以，一个和谐的人际环境的重要性就开始显现。那么和谐的人际环境应该如何创造，首先要了解自己和别人的需求，而这仅仅是人际交往的第一步，如何处理与同事、领导的关系，需要在实践中去体会。

3．职业规划作为根本

现在的处境是由曾经的选择决定的，选择和努力一样重要。当一些实习生真正参加工作后，才发现现实与理想存在着不小的差距。其实在此之前，实习生可以向一些专业的机构、辅导老师和学长征询一些建议，结合自己的实际情况做出选择，并在工作中不断地修正努力的方向，规划好自己的职业。

总之，融入企业生活是一个学习的过程，也是一个锻炼的过程，作为一名实习生，要珍惜当前的学习锻炼机会，从身边的细节和小事入手，谦逊地学习和请教，让自己尽快地融入企业生活，为转正（发展）做好积极的准备。

二、融入企业生活的意义

实习生进入企业实习，生活环境从学校换到了企业，或多或少都会有个心理转变过程，这个过程越短，心理调整越彻底，实习生就能更快地融入企业生活中，从而获得职业上的不断成长。实习生融入企业生活的意义主要体现在以下五个方面。

（一）激发使命感

实习生在进入企业后，通过学习和感知企业文化，不断了解企业的产品和规章制度，快速融入企业生活，激发自身的使命感。实习生通过融入企业生活，不断在工作中感知企业的责任和使命，在确定职业目标和方向的同时，不断加深对企业使命感的理解，而加强企业使命感也是企业不断发展的动力之源。

（二）凝聚归属感

实习生进入企业后，通过学习企业整体及各部门职能内容，明确在未来的工作遇到问题应该找哪些部门处理，平时和同事互相交流，这不仅可以增进企业内部的团结，而且还能增强自身的归属感。

（三）加强责任感

实习生刚开始对企业的情况还不了解，对工作流程还不熟悉，但随着对企业工作的不断熟悉，在接触大量的企业资料和文件过程中，逐步深化企业工作中的责任意识、危机意识和团队意识，明白企业不是某一个人的企业，而是全体员工共同的企业。随着不断融入企业生活，逐渐产生一种企业的荣辱兴衰与自身职业发展密切相关的联系，开始关注企业的发展和自我发展间的互相促进，当发生冲突时，会主动以企业利益为前提，深刻体会企业发展与自我成长之间的密切关系。

（四）赋予荣誉感

实习生在工作中在自己的工作岗位上勤勤恳恳，多做出成绩，促使自身不断前进，从而使自己投入下一轮的努力中，进入正向循环，融入企业生活。

（五）实现成就感

实习生进入企业后，如果企业不断走向发展繁荣，自身会引以为豪，更加积极努力，企业荣耀越高，个人成就感就越明显。随着不断融入企业生活，实习生明确自身所在企业的发展趋势和核心竞争优势之后，自身成就感也会不断加强，随之努力提升自己，促进了企业的进步。

三、如何融入企业生活

作为一名刚进入企业的实习生，实习期这一阶段的学习和工作都需要经历比较大的角色转变，而角色转变成功与否，取决于我们每个人的学习能力、适应新环境能力以及心理预期，各方面因素影响能否快速融入企业，适应新的工作环境。

实习是我们迈入职场的第一步，走好这一步有助于大家快速融入企业环境，不但能为以后的工作积累经验，而且也能为自己建立良好的人际关系打下基础。

（一）积极学习，熟悉企业文化

企业文化是指企业在实践中，逐步形成的为全体员工所认同、遵循、带有本企业特色的价值观、经营准则、经营作风、企业精神、道德规范、发展目标等的总和。

实习之前熟悉企业文化对于快速融入企业非常重要。作为实习生，工作中每一点经历都是很好的学习机会，务必要将企业文化内化于心，自觉主动地了解企业文化，践行企业文化，尽快适应新环境。

（二）调整预期，一步一个脚印

作为一名实习生，心里会有许多理想与抱负，但若心理预期过高，很容易导致理想与现实之间的巨大差距，进而增加内心的失落感。要避免产生这种症状，多给自己积极的暗示，从身边的小事做起，不断积累自己的经验与能力建议以日志计划的形式安排好每天的计划，不要好高骛远。

（三）主动沟通，避免过分谦卑

谦恭是一种修养，谦卑就是不自信的表现了。每个实习生在跟前辈学习的过程中，除了谦虚认真地学习外，也要有自己的想法与观点，适时说出来，与前辈多交流，不但能让前辈为你评判，及时的改正，而且也能给前辈留下良好的印象。一味地过分谦卑并没有好处，时间长了前辈就可能认为你没有能力，很多事情不放心让你去处理，因此你也就失去了很多学习的机会。

（四）服从企业，注意大局为重

任何一位企业的负责人都喜欢服从型员工。只要你服从企业的利益，企业就会给你时间和机会学习。

（五）端正心态，学会面对不适

心态决定生活状态，更决定工作态度，只有心态端正，你才会感觉到自己的存在，才会感觉到生活与工作的快乐。所以，不但要完成好属于自己的每一项工作，还要做自己不愿做的事情。看一个人有没有责任心，首先要看他怎样对待那些他不愿意做的事情。如果想要成功，就要一定把自己的工作做好，更不要把事情看得太简单，或者认为自己去做某些"小儿科"的工作有些"屈才"。作为一名实习生，应该主动适应工作，而不是让工作迁就个人。

（六）保持微笑，合理处理关系

做事如做人。作为一名部门中的新人，我们都要经历一个从陌生到熟悉的过程，鉴于我们每个人性格不同的原因，有些人内向而放不开，有些人外向善于沟通，无论如何我们都要保持微笑，坦诚谦逊地对待周围的人，遇事多请教，对自己更要有信心，相信自己会更好地融入企业，这样才能使自己适应工作，走好进入职场的第一步。

（七）注重礼仪，保持仪容大方

中国是礼仪之邦。实习生在实习前要有意识去学习和了解礼仪相关知识，让身边的人提醒自己不断改善。

（八）关注行业，努力做好做精

干一行爱一行，把工作当成是一种享受，并为之倾注自己的热情。这是一种敬业精神。在社会化大生产中，每个人都有自己的工作岗位，自我价值的最佳体现就是做好本科工作。

（九）不断学习，保持销售思维

生活中每时每刻都在销售，面试也是把自己销售出去。所有产品给人第一感官认识，就像品菜一样，七分颜色三分味道。实习生面对五彩斑斓的大千世界，普遍存在浮躁心态，特别是在刚进企业的前期，初生牛犊不怕虎的勇气固然可贵，但也是跳槽最快和最频繁的时期，这个阶段被心理学称为职业的浮躁期。刚走出校门就要接受一系列的磨砺，对一个心智尚未成熟的实习生来说，可能十分残酷。

职场小贴士

在融入企业生活的过程中,当遇到问题时,实习生应坦然面对,并结合自己的目标,有针对性地解决问题。当自己无法解决时,也应及时向领导汇报,寻求帮助,切忌选择逃避。另外,平时应该多和领导还有同事交流,积累工作经验,不断反思,提升自己工作能力。

职业训练

一、分组展示

结合实习中出现的三个主要问题(理想与现实错位、急于求成、围城心态)并任选一个问题分组讨论,展示各组的解决方案(要求体现解决过程中的具体行动,然后填在表3-3中)。

表3-3 实习中的问题、解决方案及具体行动

实习心态	解决方案	具体行动

二、个人思考

如果进入企业实习,请罗列三条实习的意义。

三、分组讨论

从融入企业生活的九个方面出发，每组选择一项融入企业生活的方法，结合自身实际，分组讨论每一方面的具体行动，然后填在表 3-4 中。

表 3-4 融入企业生活的方法和具体行动

序号	融入方法	具体行动
1	积极学习，熟悉企业文化	
2	调节预期，一步一个脚印	
3	主动沟通，_____	
4	服从企业，_____	
5	端正心态，_____	
6	保持微笑，_____	
7	注重礼仪，_____	
8	关注行业，_____	
9	不断学习，_____	

职业探讨

小佳刚进入公司实习时，认真努力且勤勤恳恳，遇到问题就努力解决，态度端正，受到了企业相关负责人的认可，但一段时间后，小佳开始逐渐消极起来，经常和同事抱怨工作太辛苦，工作态度也不如从前，工作业绩也停滞不前，经常会出现问题。

实习一段时间后，不断传递负面情绪，个人工作开始不负责任，总想着不干。后来在相关老师和企业负责人的开导下，小佳认识到自己的问题，开始正视自己的工作，并重拾信心，脚踏实地，最终由于个人的优秀表现，获得了多项荣誉，并在毕业之后成为该公司的业务骨干。

小佳刚开始工作，努力适应企业生活，认真工作，后来由于个人原因，无视企业文化，开始消极怠工，浪费了自己的大好青春，但后来及时改正，事业发展不断提升。

请根据以上案例，分析小佳的优势有哪些，并思考她在融入企业生活中出现的问题，然后立足自身，剖析问题产生的原因，并从实际出发，提出解决方法。

分析讨论：

优势：_____。

问题：_____。

原因：_____。

解决：_____。

▸ **职业感悟**

感悟1：

感悟2：

▶ **职业分享**

请从自身或朋友的经历出发，分享融入企业生活的一个小故事并进行讨论。

例：我听学长说，他曾经刚去一家电商公司实习客服岗位时，刚开始很不适应，后来尝试先做好当前的一项工作，下班后多请教其他同事，后来……

故事中的学长碰到问题不逃避，而是主动想办法解决，接受自己的不完美，一步一个脚印，通过具体行动展现自我。

这表明……

主题评价

根据主题内容，学生完成自我小结并进行自评打分。教师根据学生活动情况进行点评并完成教师打分。最后按自评分 ×40% ＋教师评分 ×60% 计算得分，见表 3-5。

表 3-5　学生走进企业评价表

	评价内容	评价标准	权重	自评	师评
知识储备	识别企业文化	能归纳企业文化内涵层次及要素功能	10分		
	融入企业生活方法	能区分融入企业生活的不同方法	10分		
	融入企业生活问题和解决方案	能界定不同融入问题并合理应对	10分		
拓展提升	职业训练	能根据A公司企业文化的内容按三个层次归纳总结	10分		
	职业探讨	能运用所学知识进行案例分析	10分		
	总结归纳	能独立完成总结归纳任务	10分		
职业素养	语言表达能力	能把想法和意图清晰明确地表达出来	10分		
	信息获取能力	能从多种渠道获取所需的信息	10分		
	解决问题能力	能提出合理化建议和创新见解	10分		
	团队合作能力	能各尽所能、与其他成员协调合作	10分		
综合评分			100分		

主题四　职业意识

职业意识是指从业人员所具有的意识,是对工作的认知程度、投入程度与专业程度的体现。职业意识是每位从业人员工作劳动所具备的基础条件,培养职业意识有利于从业人员在工作中发挥积极作用。

4.1　遵守职业道德

※案例 4.1

最美司机吴斌

2012年5月29日，杭州长途客运中心的驾驶员吴斌驾驶大客车从无锡开往杭州。11时39分，大客车行驶至锡宜高速公路宜兴方向阳山路段时，一声突如其来的巨响打破了车内的宁静，一块来历不明的金属重物从天而降，击碎并穿透了10毫米厚的挡风玻璃，深深刺入了吴斌的腹部。

通过大客车的监控视频，我们看到了这样令人痛心的一幕：11点39分25秒，吴斌被飞来的金属重物扎进腹部；11点39分26秒，他将方向盘稳住；11点39分42秒，踩住刹车；11点39分47秒，停稳大客车，拉上手刹；11点39分54秒，解下安全带；11点40分30秒，他捂住鲜血直流的腹部，从座位上站起来，叮嘱乘客不要乱跑……从被金属重物击中到叮嘱乘客安全，短短的时间内，吴斌凭借着自身职业素养和高尚的道德情操，保护了24名乘客的生命安全，也保全了这些家庭的幸福。

在这紧迫关头，吴斌没有因为突发情况而猛打方向盘，而是临危不惧、冷静应对，忍着剧痛用尽自己最后一丝力气让大巴慢慢减速，平稳地停了下来，然后打开双闪灯，拉起手刹。6月1日凌晨，吴斌由于伤势过重，抢救无效，不幸去世，年仅48岁……

吴斌的事迹震撼了整个杭州城，令人肃然起敬，甚至全国各大新闻媒体都对他的感人事迹进行了报道。在生死攸关之际，吴斌下意识做出了把车平稳停下来的反应，脑海里首先想到的是确保车上24名乘客的安全，这说明保证乘客安全的理念已经深深地印在了他的心中。

吴斌用生命完成了自己的工作职责，为这份平凡而又伟大的事业添上了最美的一笔，体现了一名专业驾驶员的职业素养，展现了舍己为人的职业精神，诠释了职业道德的真谛。

讨论：
1. 驾驶员吴斌的事迹体现了哪些职业意识？
2. 结合专业实际，分析职业院校学生提高职业道德水平的途径有哪些。

一、职业道德的概念

职业道德是指不同行业的从业人员在职业活动中必须遵守的基本行为准则。它是从业人员道德在职业中的反映，是衡量个人职业行为和职业品质优劣的具体标准。

现如今，各行各业对从业人员的职业道德有着一定的标准和要求，职业道德水平的高低甚至成为影响用人单位是否录用应聘者的直接因素。因此，对于职业院校的学生来说，除了学习专业理论知识以及专业实操技能之外，提高职业道德水平也十分重要。

二、职业道德的内容

（一）职业道德意识

职业道德意识是指从业人员在工作过程中，自觉遵守符合职业特征的道德要求与行为准则的心理特征。良好的职业道德意识有利于从业人员顺利开展工作，促进生产发展。常见的职业道德意识有责任意识、团队意识、规则意识、服务意识和敬业精神。

1. 责任意识

责任意识是指一个人自觉对别人、家庭、社会负责，自觉履行职责的心理特征。在社会生活中，人在享受权利的同时，也要履行相应的义务，承担相应的责任。一个人有无责任意识、责任意识的强弱往往影响着个人学习、生活、工作等方面。在职场中，有责任意识的从业人员对待工作认真负责，主动承担责任。

2．团队意识

团队意识是一个团队中的个体为了集体的共同目标，自觉团结一致、分工协作的心理特征。独木不成林，独自不成队，进入企业之后，个人已不再是一个独立的个体，而是企业团队中的一员，要以团队利益为重。作为职业院校学生，要树立全局观念，注重团队合作，充分发挥协作精神。

3．规则意识

规则意识是个体具有自觉遵守各类规章制度、纪律、秩序的心理特征。没有规矩，不成方圆。国有国法，家有家规，企业也有企业的规章制度，在工作中，做任何事情都要懂规则，讲规则，守规则。比如，某从业人员迟到、早退，往往反映着该从业人员的规则意识淡薄。细节决定成败，没有规则意识的从业人员无法在企业立足。

4．服务意识

服务意识是从业人员在与企业利益相关人员交往中自觉提供热情、周到服务的心理特征。有服务意识的从业人员以客户为中心，主动询问并满足客户的需求，努力提高为客户服务的水平。

5．敬业精神

敬业精神是指从业人员热爱自己的工作，愿意全身心投入，而且尽职尽责，一丝不苟的心理特征。孟子曰："天将降大任于斯人也，必先苦其心智，劳其筋骨，饿其体肤，空乏其身，行拂乱其所为"，我们要把工作当成"大任"，只有肩上扛起责任，保持高度的工作热情，培养务实肯干的精神，才可能取得事业的成功。

（二）职业道德行为

职业道德行为是指从业人员在工作过程中所采取的道德行为。职业院校学生要重视职业道德行为的养成，把职业道德落实到工作实践中，做到言行一致。培养良好的职业道德行为可以从个人行为和职业行为两方面出发。

1．个人行为

个人行为在职业道德中表现为职业礼仪、职业形象和岗位纪律。职业礼仪是指待人

接物的礼貌用语和基本礼节。职业形象是指仪容仪表,包括服装、发型、化妆等外在形象。岗位纪律指的是作息制度、请假制度等。职业院校学生应从现在开始培养良好的个人行为习惯,以适应未来就业可能涉及的职业道德行为。

个人道德品质是个体在道德行为中表现出来的稳定的个性特征。良好的道德品质主要表现在:善良友爱、正直无私、忠诚守信、勇敢进取、能辨是非等方面。职业院校学生应培养道德意识,陶冶高尚的道德情操,形成稳固的道德情感,提高自身的道德意志,坚守正义,坚持真理,这样才能在职业生涯的道路上越走越远。

2.职业行为

职业行为是指从业人员在工作过程中受意识支配而产生的行动举止,包括创新行为、竞争行为、协作行为。

开拓创新是从业人员的基本行为准则之一,创新行为是指突破常规,运用新思路、新创意发展或生产新的产品和项目。创新是企业走可持续道路的必要条件,因此,职业院校学生要注重创造力的培养,多接触新事物、新思想,激发创新思维,在未来的就业中开拓进取,努力创新。

任何工作行为都离不开竞争,竞争无处不在。竞争的压力能激发斗志,带来积极的作用;竞争的动力也能提高工作效率。但是过度竞争往往也会带来不良的后果:可能引起紧张和焦虑;可能使人迷失自我,唯利是图。在职业道德行为中,提倡从业人员在竞争中学会合作,取长补短,与同事共同进步。

从业人员与上级、从业人员与从业人员之间都是相互配合、相互依存的关系。在处理上级、同级、下级关系时应做到服从上级,听从指挥;同事之间应相互理解,相互支持,坦诚相待;尊重下级,平等对待,设身处地为下级着想。

(三)职业道德规范

职业道德规范是人们在长期工作中逐渐形成的,以某种形式固定下来的应当遵守的行为准则,包括公民基本道德规范和职业操守两部分。

1.公民基本道德规范

《新时代公民道德建设实施纲要》提出了公民的基本道德规范:"爱国守法,明礼诚信,团结友善,勤俭自强,敬业奉献"。其中,爱国守法是首要义务,公民要做到热爱国家,维护国家尊严,不做有损国家荣誉的事情。明礼诚信是为人处世方面的规定，公民要懂礼貌，讲文明，树新风。团结友善是人与人之间交往、相处的准则，唯有万众一心、和善有爱才能共筑美好的社会主义大家庭。勤俭自强就是生活中要做到勤劳、节约，自力更生，自强不息。敬业奉献强调的是全身心投入、无私奉献的职业精神。

2. 职业操守

职业操守强调的是职业活动中的最低道德底线，是从业人员最基本的职业道德规范。职业操守表现为守法、诚信、忠诚。守法的意思是遵守一切与企业有关的法律法规，包括企业规定的职业操守底线，如不泄露企业机密，不收受贿赂，不盗窃企业及他人财物等。诚信体现在工作中不弄虚作假，不欺骗领导，资料、信息、各种数据真实可靠。忠诚就是忠于企业，做事有分寸，不做损害企业利益的事。

（四）职业道德修养

1. 自律

所谓自律，是指通过发自内心的信念对自身的职业道德修养进行调节和控制，使自身的言行达到符合社会规范的标准。职业道德修养是一种自律行为，任何一个从业人员职业道德修养的提高，都离不开自律。

自律是一种主观努力，包括自我反思、自我教育、自我改造三种方式，是内在动力。古人云："吾日三省吾身。"从业人员要定期进行自我反思，用道德准则评价自己，剖析自我，勇于正视自己的缺点，针对自己不足之处进行改造和完善。

2. 他律

他律就是通过社会外界固有的规章、制度、准则等职业道德规章体系来规范从业人员的职业道德行为。他律是从业人员进行职业道德修养提升的外在动力。从业人员在一定的外在约束下，长期坚持下去，就能养成适用于职业要求的道德修养。

结合企业来说，他律的分为劝导、训诫、惩罚三种方式。劝导就是根据具体问题进行分析、解决，帮助从业人员克服障碍；训诫就是进行批评指正，使其遵纪守法，养成良好习惯；惩罚就是给予有违纪违法、失职等损害企业利益的从业人员一定的处罚。这些方式起到了制约不良道德行为的作用，促使从业人员积极主动承担起相应的责任，做好本职工作。

从业人员职业道德修养的提高依赖于主体自觉的调节，也依赖于外在约束，可以说，两者是不可分离的。因此职业院校学生不仅要加强自律，也要遵从他律。

三、职业道德的特征

（一）行业性

一定的职业道德只适用于特定的职业活动，鲜明地展现着社会对某种具体的职业活动的行业性要求。它往往只约束从事该行业和职业的从业人员以及他们在职业活动中所发生的职业行为。

（二）传承性

职业道德是在长期社会实践活动过程中发展而成的。只要职业仍旧存在，其职业道德的核心内容也仍旧存在，并且在社会各个历史阶段不断传承。因此，职业的服务对象和服务方式，职业的职责和职业的义务以及职业行为规范的内容都具有传承性。

（三）多样性

职业道德的内容和形式根据职业的不同而有所区别，有多少种职业就有多少种职业道德。职业道德的多样性表现在内容和形式的多样性两个方面。

四、职业道德的基本要求

（一）爱岗敬业

爱岗敬业有两层含义：一是爱岗，爱岗就是热爱自身的岗位和本职工作；二是敬业，敬业就是尽心尽力做好本职工作，表现为对工作的认真、负责、专心。爱岗敬业是职业道德的基本要求，可以体现从业人员的工作态度。

爱岗敬业要求从业人员做到乐业、勤业、精业。乐业是指从业人员对工作抱有高度的热情和兴趣，乐于从事自己的事业。"业精于勤荒于嬉"，勤业是指无论做什么工作，都要有责任心，要勤奋工作，努力学习专业知识，钻研专业技能。勤奋，是指做到手勤、口勤、心勤，遇到不懂的问题记下来，主动请教他人，工作上兢兢业业，能吃苦耐劳。精业是指从业人员必须不断提高自身职业技能水平和业务能力，树立终身学习的观念，对待工作精益求精、追求卓越。爱岗敬业是最基本的职业道德，职业院校学生要做到干一行、爱一行，学一行、精一行。

（二）诚实守信

诚实守信可分为"诚实"和"守信"两个部分，诚实的意思是真诚、实在，实事求是，言行一致；守信的意思是讲信用、守承诺。"言必信，行必果"，诚实守信是一个人安身立命之本。

诚实守信要求从业人员树立诚信意识，"以诚实守信为荣，以见利忘义为耻"，要做到真诚待人，不因追求自己的私利而损害他人和集体的利益；信守承诺，说实话，办实事，注重诚信形象，不应随意承诺他人，如有承诺，务必履行，绝不食言；遵守基本规章制度，自觉养成守时、守约的好习惯，严以律己，从细节做起，从小事做起，用实际行动做诚实守信的实践者。"精诚所至，金石为开"，只有诚实守信的人，才能获得别人的认可和尊重，才能取得事业的成功。职业院校学生应诚信做人、踏实做事，弘扬诚信之风，倡导诚信精神，传承诚信美德，自觉抵制失信行为。

（三）办事公道

办事公道是指为人处世的一种态度，即待人接物要做到公平、公正。公道的意思是公正的道德。办事公道要求从业人员在工作中，以国家法律、规章制度、各项政策为准则，公平、公正、公开处理问题，平等待人、平等待物。办事公道是在爱岗敬业、诚实守信的基础上对从业人员提出的更高一层的要求。

（四）服务群众

服务群众就是全心全意为人民服务，是职业道德的核心内容。服务群众要求从业人员做到热情周到，端正服务态度，改进服务措施，提高服务质量。服务群众要求从业人员具有扎实的专业理论基础，熟练的专业技能技术，过硬的岗位综合素质。作为职业院校学生，只有学好理论知识，掌握专业技能，才能在今后就业岗位中发挥自己的水平和

才能，把工作落到实处，为企业贡献自己的力量。

（五）奉献社会

奉献社会就是要求从业人员在职业活动中自觉为人民、社会、国家贡献自己的力量，把公众的利益摆在第一位。奉献社会是一种无私忘我的精神，是职业道德的最高境界，是从业者职业道德修养的最终目标。人生的真正价值就在于奉献，只有在服务和贡献中，才能体会到人生的意义和幸福，这也是职业的本质。从业人员要在奉献的过程中强化道德观念，磨炼道德意志，提升道德境界。

作为社会中的一员，我们要有爱心，积极参与社区互助、抗震救灾、扶危济困等活动。

五、职业道德的作用

（一）规范从业人员行为

良好的职业道德是一个人从业的基石，是对自己、对别人、对社会负责的表现。从业人员只有拥有良好的职业道德，才能严以律己，规范自身行为，按规章制度办事，自觉抵制不道德的行为，促使自己做好本职工作；良好的职业道德也是企业聘用人才的重要标准；职业道德能激励、鼓舞从业人员，在个人就业以及职业生涯发展中起着至关重要的作用，是获得职业成功的必要保证。

（二）促进企业行业发展

职业道德不仅对从业人员有着重要的作用和意义，而且影响着企业的兴旺发达甚至整个行业的生死存亡。从业人员具有良好的职业道德，有利于调节企业内部从业人员之间的关系，从业人员与领导之间的关系，从业人员与企业之间的关系，增强企业的凝聚力，有利于树立良好的企业形象，提高产品的市场竞争力，同时带动相关行业的发展。

（三）提高社会道德水平

职业生活是社会活动的主要领域，遍布社会的各行各业。所以职业道德对社会道德风尚起重要的促进作用，人们在职业活动中具有良好的职业道德，能够稳定社会生活秩序、企业生产秩序，对于形成良好的社会风气具有积极的作用，促进社会主义精神文明建设。

六、培育职业道德的途径

（一）从日常生活中培养

遵守职业道德需要个人发挥自觉性和习惯性，日常生活就可以作为培养职业道德的载体。"勿以善小而不为，勿以恶小而为之"，从业人员应从生活中的小事做起，严格遵守行为规范；从自我做起，自觉远离不良习惯，抵制诱惑。

（二）从专业学习中获得

职业道德的形成离不开专业知识和技能的学习。在专业学习中，从业人员可以结合自己所学专业，有针对性地去获取相应职业群或岗位的职业道德知识。专业理论课程中体现的职业道德理论、专业实训课程中体现的职业道德实践无不体现着职业道德。职业院校学生要在专业理论课程和专业实训课程中增强职业意识，遵守职业规范。

（三）从社会实践中提升

社会实践是职业道德提升的根本途径，由于职业院校学生的学习主要是在课堂和实训室中进行，有一定的局限性。因此要重视实习阶段的职业道德培养，因为实习是职业院校学生正式踏入工作岗位前的关键阶段，应利用好这一阶段，做到理论结合实际，将所学知识转化为实践经验。同时，要积极参与社会实践活动，了解职业道德标准，为今后的工作打下基础。

职场小贴士

行有行规，业有业德

医生——防病治病，救死扶伤　　会计——实事求是，保守秘密
记者——尊重事实，客观公正　　教师——教书育人，诲人不倦
法官——廉洁自律，公平正义　　警察——秉公执法，维护正义

职业训练

※案例 4.2

职业道德的"应用"

小林和小马就读于当地一所中职学校，是同班同学。毕业之后，两个人不约而同进了同一家公司，从事数控操作工的岗位工作。

小林上学时按照学校的规章制度，做好每日规范，同时在学校的德育课程学习中了解了职业道德的相关理论知识，在实操课中也完全遵照职业道德要求进行实训学习。工作后，他严格遵守公司的各项规章制度，不迟到也不早退，而且自身技能水平和业务水平也日益纯熟，很快就受到了领导的赏识，成为企业的骨干，三年后被提升为车间副主任。

小马在校期间就十分排斥学校里的规章制度，认为规矩太多，约束了自由。参加工作后，他总是迟到、早退，上班时间玩手机，经常犯各种错误，责任意识淡薄，公司的机床设备被他弄坏了好几次，甚至还发生过岗位安全事故，最后公司无奈将他辞退。

讨论：

1. 案例中职业道德的内容？

2. 该岗位职业道德的基本要求有哪些？

3. 结合案例，分析提升职业道德的途径。

※案例 4.3

小丽的"过错"

小丽是职业院校市场营销专业的一名学生,毕业后她凭借过硬的专业知识和技能水平被当地一家知名公司录用,成为一名营业员。获得这份工作后的小丽开始沾沾自喜,总觉得自己高人一等。她每天上班都卡着时间来,有时开始营业了,却连工作服和工作证件都没有及时穿戴好。同事劝小丽工作时要注意个人职业行为,她却不以为然。上班期间,她经常开小差,客户来了也从不主动迎接。

由于小丽的专业知识水平和岗位技能水平较高,同事小王经常请教她,所以小丽经常让小王去接待客户,自己则坐在边上休息,经理友善地提醒过几次,但她觉得自己能力强,经理不会拿她怎么样。有一天晚上轮到小丽值班,还没到下班时间,她就开始收拾东西准备下班,一边走一边低着头玩手机,全然忘记店里的中央空调没关,卷帘门也是只拉到半截,没有锁好。

第二天,经理就把她开除了,并对她说道:"一个人的能力是可以培养跟锻炼的,但是光有能力,没有职业道德,是没有公司欢迎你的。"听完经理的话,小丽懊悔不已。

讨论:

1. 小丽被经理开除的原因是什么?

2. 小丽提高职业道德修养的途径是什么?

职业分享

请分享一个身边关于职业道德的真人真事，并谈谈这个故事对你的启示。

职业提升

职业道德基本要求

1.＿＿＿＿＿：＿＿＿＿＿＿＿＿＿＿＿＿＿＿＿＿＿＿＿＿＿＿＿＿＿＿＿＿＿＿＿＿＿。
2.＿＿＿＿＿：＿＿＿＿＿＿＿＿＿＿＿＿＿＿＿＿＿＿＿＿＿＿＿＿＿＿＿＿＿＿＿＿＿。
3.＿＿＿＿＿：＿＿＿＿＿＿＿＿＿＿＿＿＿＿＿＿＿＿＿＿＿＿＿＿＿＿＿＿＿＿＿＿＿。
4.＿＿＿＿＿：＿＿＿＿＿＿＿＿＿＿＿＿＿＿＿＿＿＿＿＿＿＿＿＿＿＿＿＿＿＿＿＿＿。
5.＿＿＿＿＿：＿＿＿＿＿＿＿＿＿＿＿＿＿＿＿＿＿＿＿＿＿＿＿＿＿＿＿＿＿＿＿＿＿。

职业道德培育途径

1.＿＿＿＿＿：＿＿＿＿＿＿＿＿＿＿＿＿＿＿＿＿＿＿＿＿＿＿＿＿＿＿＿＿＿＿＿＿＿。

2.＿＿＿＿＿：＿＿＿＿＿＿＿＿＿＿＿＿＿＿＿＿＿＿＿＿＿＿＿＿＿＿＿＿＿＿＿＿＿。

3.＿＿＿＿＿：＿＿＿＿＿＿＿＿＿＿＿＿＿＿＿＿＿＿＿＿＿＿＿＿＿＿＿＿＿＿＿＿＿。

职业感悟

感悟1：

感悟2：

主题评价

根据主题内容，学生完成自我小结并进行自评打分。教师根据学生活动情况进行点评并完成教师打分。最后按自评分×40%＋教师评分×60%计算得分，见表4-1。

表4-1 职业通德评价表

评价内容		评价标准	权重	自评	师评
知识储备	职业道德	能归纳职业道德的内容	10分		
	基本要求	能区分职业道德的基本要求	10分		
	培育途径	能总结职业道德培育途径	10分		
拓展提升	职业训练	能根据知识储备进行案例分析	10分		
	职业探讨	能运用所学知识进行案例分析	10分		
	总结归纳	能独立完成总结归纳任务	10分		
职业素养	语言表达能力	能把想法和意图清晰明确地表达出来	10分		
	信息获取能力	能从多种渠道获取所需的信息	10分		
	解决问题能力	能提出合理化建议和创新见解	10分		
	团队合作能力	能各尽所能、与其他成员协调合作	10分		
综合评分			100分		

4.2 熟悉岗位职责

※案例4.4

无人能取代的岗位

小月和小霞都在某职业院校就读，毕业后二人在同一家公司里做文员，由于经济不景气，公司决定裁员。下岗名单公布了，小月和小霞都在名单中，公司规定一个月之后办理离职手续。得知这个消息后，小月和小霞十分难过，失业对大家的打击都不小。其他同事也都小心翼翼，更不敢跟她们多说一句话，这事摊到谁头上都不好接受。

第二天上班的时候，小月愤愤不平，觉得自己很憋屈，情绪也十分激动，无心工作，一会儿坐在座位上发呆，一会儿找这个同事哭诉、找那个同事抱怨，一会儿又找办公室经理申冤，比如接听电话、传送文件、整理文档、收发信件这些份内工作，全部抛之脑后。她觉得，反正公司都不让我干了，我还帮公司干什么活。经理见状好心劝导她，给她做思想工作也无济于事。相关的岗位工作也只好找其他同事替她完成。

小霞知道这件事的当天，也哭了一个晚上，可是难过归难过，距离正式离职还有一个月，现在她仍然是公司的一员，该做的工作还是应该坚持做好，否则会影响其他同事和整个公司业务的正常运转。于是她默默打开计算机，继续编辑文稿、传送文件、通知业务。

同事们知道小霞快要下岗了，不好意思再找她干活，但小霞主动告诉同事们自己的想法：她会跟以前一样对待这份工作。她说："我要好好干完这个月，以后想给你们干活都没机会了。"于是，同事们又像以前一样，"小霞，打印这份文件，快点儿！"小霞总是热情回应，坚守着她的岗位，承担着她的职责。

一个月后，小月被通知直接下岗，而小霞却被公司留了下来。经理说："小霞的岗位没有人能取代，像小霞这样的员工，公司永远不会嫌多。"

从此以后，小霞更加努力工作了，不断提升自己的业务水平和专业能力，工作专心致志，一丝不苟，尽职尽责，没过多久，就晋升为办公室主任了。

讨论：

1. 请分析该岗位的具体职责内容。
2. 造成小月和小霞不同结局的原因是什么？

职业储备

责任意识是指个人对所承担角色的自我意识与自觉程度。责任意识能激发个人潜能，使人精力旺盛地投入工作，可以促进个人取得成功。一个具有强烈责任意识的人，对待工作是一丝不苟，尽心尽力的。德国大众汽车公司有句格言："没有人能够想当然地保有一份好工作，必须靠自己的责任感获取一份好工作。"责任意识是职业意识中最基本的内容，职业院校学生在实习期间首先要做到的就是熟悉岗位职责的相关内容。

一、岗位职责的概念

岗位职责又称工作职责，是指工作的具体内容和责任范围，是权利、责任和义务的综合体，是关于"该职位主要做什么"的描述。岗位是企业组织为了完成某项任务而确立的，由工种、职务、等级等性质所组成的工作职位，职责由工作的授权范围和相应的责任两部分组成。

二、岗位职责的内容

（一）岗位的具体内容

岗位的具体内容，指的是从业人员具体从事的劳动内容、从业人员从事该劳动内容的资格条件以及从事该劳动内容应具备的能力，由工作活动、任职条件、能力要求三个部分组成。

1. 岗位工作活动

日常性工作是指岗位长期性、经常性的工作。日常性工作活动占大量的时间，是要求绩效的主要性工作，若未能完成该任务，会对整个组织的运行或者企业经营产生严重的影响。例如，教师的日常性工作就是"传道、授业、解惑"。

阶段性工作是单位、公司在一个阶段（周、月、季）由上级根据相关文件、会议的要求或领导批示等形式下达的工作任务。比如，销售部经理要定期召开分管部门会议、制定并根据月度计划布置任务等。

临时性工作是指在流程中没有规定，也没有事先安排的突发性、紧急性的工作。一般由上级领导临时指定负责人，口头沟通处理方式、解决办法。如果没有沟通，可以按照惯例处理，完成临时性工作后要及时向上级汇报。例如，公司中有同事请假，人手不够，要求你去接待合作公司的相关负责人。

2．岗位任职条件

岗位任职条件是完成该职位工作内容所要求的最低任职资格及在此基础上能够具备的理想条件，包括工作所需要的知识水平、技能水平、工作经验、个性品质等。

知识水平应有相应的文化程度和专业要求；熟练掌握岗位的专业基础知识。技能水平要具备一定的专业技能水平，具备专业的职业资格证书。除此之外，还应掌握计算机操作能力，办公室软件运用能力、外语应用能力。工作经验方面部分岗位还要求具有相应的工作经验，包括相关工作经验时长（通常为1～10年不等）以及深入了解、学习、掌握本行业知识的基础。个性品质包括个性、素质、态度和职业道德。例如，性格稳重、细致、热情乐观、有纪律性、诚信、责任心、主动服务、忠诚等。一个人的个性品质决定了其职业生涯道路是否能顺利走下去。

3．岗位能力要求

岗位能力是指从业人员能胜任岗位任务，完成岗位目标所表现出来的个性特征。从业人员在完成任务时表现出来的能力有所不同，能力的强弱直接影响完成任务效率的高低。岗位能力分为专业能力、社会能力和方法能力。

专业能力是从事某一岗位的专业素养和水平，胜任岗位需要具备一定的专业能力。例如：数控车工必须具备专业的车床操作技术能力，汽修工人必须具备排除故障和维修设备的能力。社会能力是与他人合作、交往、工作的能力，包括人际交往能力、团队协作能力、沟通能力等。在工作中能够结合社会能力，协作他人共同完成工作，这是胜任岗位的重要条件。方法能力是从事任何岗位都应该具备的基础能力，包括数字运用能力、归纳总结能力、解决问题的能力、信息收集和处理能力、制定工作计划、独立决策和实施的能力等。

（二）岗位的责任分工

岗位的责任分工通过职、权、责、利四个方面来体现，我们要明确它们的具体内容和四者之间的关系。

1. 具体的职务

职务是因职位而产生的工作任务，每个员工要清楚自己负责的本部门的业务、事务，熟悉工作流程。

2. 责任的内容

一是对本岗位在企业内的责任范围做出明确规定，使员工承担工作岗位责任范围内的工作责任。二是对于没有完成的工作，应承担相应责任。责任是岗位职责的本质，要使责任落到实处。

3. 权利的范围

企业要对岗位工作相匹配的主要权利做出规定，明确个人权利范围内的支配力量，包括对物的支配权和对人的管理权，使员工不做超出权利范围的工作。

4. 相应的利益

利益就是从业人员因工作得到的好处，包括物质和精神两种形式。若利益不清，奖惩不明，从业人员的工作积极性就无法调动起来，职责权利无法统一。

职、责、权、利是相辅相成、相互制约、相互作用的关系。

从业人员既是职务的执行者、责任的承担者，也是权利的拥有者和利益的享受者。首先，要做到职、责统一：工作内容要与工作职责相对应，干多少活就应承担多少责任；其次以责定权，做到责任与权利对等，责任的范围对应着权利的权限范围，权利有多大，责任就有多大。再次，以责定利：职、责的履行结果作为绩效考核考察的内容，进行"利的分配"，进行薪酬调整，奖罚结合。实现职、责、权、利的有机统一，才能调动从业人员的积极性，确保企业目标任务和各项管理工作的顺利开展，夯实基础。

（三）岗位的职责标准

从业人员对于岗位职责的履行情况需要按照企业制定的具体方法和具体标准进行考核评定然后施行奖励或惩罚。企业应形成科学合理的考核评价机制、奖惩机制，使岗位管理走向细致化、规范化。

1. 岗位考核的方法与标准

岗位考核的方法和标准包括考核内容、考核时间、考核过程等排序。下面以某企业生产车间主任岗位考核表为例，见表4-2。

表 4-2　某企业生产车间主任月度考核表

姓名：×××		岗位：车间主任	考核人：×××	考核时间：×××
序号	考核项目		考核指标	考核结果
1	生产计划及时性，按时完成任务（10分）		任务完成率100%，每出现一次生产不及时扣1分；计划不及时制定扣2分	
2	数据统计及时准确，做好调度工作（10分）		每出现一次不统计生产数据或生产数据统计不及时、不准确现象扣1分	
3	安全生产监督和培训工作（15分）		发现车间有违规操作的每次扣1次，安全事故每次扣2分	
…	…		…	…

考核内容是根据岗位职责制定的，由考核项目与考核指标组成。考核时间一般分为日考核、月考核、年考核。日考核主要考察的是员工日常行为规范包括出勤、请假、生产指标等内容。月考核主要考察的是一个月的出勤汇总、产品产量汇总。年考核一般是对从业人员一整年职业道德、工作绩效和职业能力的综合性考核。考核的过程是依据岗位责任制度或其他相关考核制度，进行自评、互评、管理层评价多种评价方式共同进行。考核的等第可分为优秀、良好、合格、不合格；百分制考核。百分制考核是根据从业人员完成考核指标的情况进行评分的。

2. 岗位考核与奖惩对应

岗位考核评价结果应与从业人员的奖惩相对应，在完成或者未完成工作时，各部门都应该得到相应的奖惩。一般企业的车间奖惩制度张贴在作业现场，而以计算机办公为主的部门是文字稿的制度。有效的奖励可以提升从业人员对企业的认同，提升企业管理效率，常见的奖励方式有物质奖励和精神奖励。物质奖励包括加薪、升职，精神奖励包括表彰、荣誉。适度进行惩罚可以促使从业人员反省自身、改正错误行为，然后获得经验教训。

岗位考核评价关系着员工的奖惩情况，企业要实行岗位考核与奖惩对应的机制。一方面，可以保证岗位职责制度的公平性；另一方面，可以激励员工努力工作，尽职尽责。

三、确立岗位职责的方法

岗位职责的界定并非仅简单地对从业人员的工作活动和工作职责进行概括、总结，而是采用系统化、规范化、科学化的方法进行构建。根据岗位职责梳理的实践经验，常见的确立岗位职责的方法有归纳法和分解法。

（一）归纳法

归纳法是从员工的角度出发，对岗位的具体工作活动进行罗列归纳，由员工总结本人职责内容，然后由上级对此进行审查与定夺。具体来说，就是员工通过对基础性的工作活动进行归类，形成工作任务，并进一步根据工作任务的归类，得到职责描述。

归纳法的步骤如下：罗列工作任务→归类工作任务→指出任务目标→描述主要职责→完善职责描述。下面以会计专业中财务会计岗位为例进行介绍，见表4-3。

表 4-3 财务会计岗位的岗位职责确立表

步骤	内容
罗列工作任务	1. 日常会计处理、账务核算； 2. 对审核完的记账凭证及时登记入账； 3. 做好收入、支出、费用、债权债务的复核和账目登记工作； 4. 银行、财税、工商相关业务办理； 5. 纳税申报； 6. 财务报表的编制工作； 7. 年度财务预算编制
归类工作任务	1. 日常会计处理、账务核算； 2. 账簿登记工作； 3. 银行、财税、工商相关业务办理及纳税申报； 4. 按时完成各类财务报表的编制工作
指出任务目标	1. 正确、合法、规范地进行会计处理和账务核算； 2. 账账、账表、账实相符； 3. 处理好与金融、财税、工商等职能部门的联系工作，及时申报各项税金； 4. 按时完成各种报表的编制工作
描述主要职责	1. 正确、合法、规范地进行本项目日常会计核算、财务管理工作； 2. 做好账簿的登记工作，及时记账、结账、对账，做到科目准确、记载清楚、数字真实、凭证完整； 3. 处理并协调与银行、财税、工商等职能部门的关系，依法纳税； 4. 按时编制公司各类财务报表

续表

步骤	内容
完善职责描述	1. 正确、合法、规范地进行本项目日常会计核算、财务管理和其他财务会计行为的管理工作，做到工作准确无误； 2. 做好账簿的登记工作，及时记账、结账、对账，做到科目准确、记载清楚、数字真实、凭证完整； 3. 处理、协调与银行、财税、工商等职能部门的关系，密切与这些部门的联系，依法纳税； 4. 按时编制公司各类财务报表； 5. 完成上级领导临时布置的各项任务

归纳法的优点是提高员工参与度，收集、获取员工信息效率高，节省成本；在实际的工作中更具有实用性和可操作性；加深员工对企业职责制度的理解。

归纳法的缺点是由于员工自行填写汇总，可能会导致部分内容存在遗漏，不一定全面、详细；一些复杂的实际工作无法进行归纳描述。

（二）分解法

分解法是从企业目标和企业计划出发进行分解。具体来说，就是将企业目标层层分解成任务，并最终形成岗位职责的方法。

分解法的步骤为：确定岗位总体的目标；分解总体目标得到岗位成果领域，即为了实现岗位总体目的需要取得成果的岗位领域；明确岗位各成果领域对应的目标；确定工作职责，即员工到底要进行什么样的活动、承担什么样的职责才能完成上述目标；进行职责描述。下面以电气专业中的电工岗位为例进行介绍，见表4-4。

表4-4　电工岗位的岗位职责确立表

步骤	内容
确定岗位目标	在相关政策和公司计划的指导下，对电气设备安装、修理及维护，提供制定生产线设备用电方案，确保公司配电间、生产线用电正常运作
确定岗位领域	1. 工厂供配电； 2. 设备安装、维护； 3. 生产线设备用电

续表

步骤	内容
明确领域目标	1. 安全优质地配好电，满足公司安全用电的需求； 2. 确保生产经营活动； 3. 用电方案安全合理，节省公司成本
确定工作职责	1. 进行倒闸操作，生产线和设备配电，对供配电进行维修； 2. 发现故障及时诊断维修，经常保养设备； 3. 计算负荷量，导线电缆的选择，设计实施方案
进行职责描述	1. 电压跳闸时安全、迅速进行倒闸操作，安全优质地为生产线和设备配电，供配电出现问题时及时维修，满足公司安全用电的需求； 2. 安全快捷完成设备的安装和维修，排查设备安全隐患，确保企业的生产活动； 3. 正确计算负荷量，选择优质安全的导线电缆，方案安全合理，节约公司成本

分解法的优点是能明确每个职责是否与企业战略目标符合；方便企业高层提前制定好用人计划；有利于工作指标的制定和生成。

分解法的缺点在于岗位成果领域确立难度较大，可能存在遗漏；上级在确立员工职责时，由于不熟悉员工的具体职责细节，因此可能导致遗漏的情况出现。

四、确立岗位职责的作用

（一）确立目标，各司其职

公司的正常运行与每个部门、每个员工的工作效率有关，只有明确自身的岗位职责，才能提高工作效率以及工作质量，才有充分发挥自身的岗位职能。

（二）分工协作，科学配置

进行分工协作，可以最大限度地实现劳动用工的科学配置，能够有效防止因职位分配不合理而出现的职务重叠、职务真空等现象，避免部门之间或是员工之间出现推脱工作、推卸责任等现象，有利于提高工作效率和工作质量。只有人尽其才、人岗匹配，才能使企业的人力配置得到最合理、最充分的发挥。

（三）规范行为，有效监管

规范员工的各项行为，有利于培养其责任心，减少生产过程中违章行为和违章事故的发生，提高管理效能；企业工作岗位的定岗定责，有利于企业组织对员工实施规范化管理。

（四）量化考核，奖惩分明

量化考核是企业考核员工工作绩效的重要依据，可以提高企业内部的竞争活力，便于发现人才与合理使用人才，而且还可以督促员工提高工作效率和工作质量。因此企业要做到考核公平，奖惩分明，鼓励先进，激励后进。

> **职场小贴士**
>
> 在企业运转的系统中，任何一个岗位的工作进度都影响着其他岗位的工作进度，只有熟悉岗位职责才能提高工作效率。作为初入职场的职业院校毕业生，应该积极主动了解企业环境、规章制度、岗位工作内容，避免束手无策的情况，为将来正式踏上工作岗位做好准备。总而言之，只有熟悉岗位职责才能在工作中得心应手，真正做到心中有数，手脚不慌，才能让自己取得更好的成绩并保持长久的进步。

职业训练

（1）罗列你了解的岗位，分析它们的基本任务，并将其填入表4-5中。

表4-5　了解的岗位及其基本任务

岗位名称	基本任务

（2）罗列并分析你所列举岗位的责任分工并将其填入表 4-6 中。

表 4-6　了解的岗位及责任分工

岗位名称	岗位的责任分工
	职： 责： 权： 利：
	职： 责： 权： 利：
	职： 责： 权： 利：

职业探讨

请运用归纳法对该岗位职责进行分析，查看表 4-7，将其步骤填入表 4-8 中。

表 4-7　某公司室内装潢设计师岗位介绍表

岗位名称	室内装潢设计师	所在部门	设计部
直接上级	设计部部门主管	岗位编号	006
岗位综述	为客户提供室内装潢方案包括平面图、施工图、效果图的设计		
工作任务	1. 接待装修客户来访； 2. 现场测量待装修房屋、场地； 3. 与客户沟通、交流，听取客户需求； 4. 设计室内装潢效果图、施工图纸初稿，与客户进行讨论、商榷； 5. 确定图纸后，到施工现场跟进并进行软装指导工作		
任职资格	学历背景：装潢设计专业、中专以上学历。 工作经验：1 年以上相关工作经验。 个人素质：良好的沟通表达能力；良好的审美能力；创新能力。 专业技能：施工图绘制能力；熟练运用 Photoshop、AutoCAD 制图、3DMax 等软件		

表 4-8 岗位职责归纳法分析

步骤	内容
第一步	
第二步	
第三步	
第四步	
第五步	

职业分享

针对某一个具体的岗位，查找资料和进行分析，分享你认为该岗位员工应具备的岗位职责。

职业提升

请运用分解法分析与所学专业（数控、电商等）匹配的岗位职责，并将结果填入表 4-9。

表 4-9 岗位职责归纳法分析

任务分解单		
步骤	任务	内容
1		
2		
3		
4		
5		

职业感悟

感悟 1：

感悟 2：

主题评价

根据主题内容，学生完成自我小结并进行自评打分。教师根据学生活动情况进行点评并完成教师打分。最后按自评分 ×40%＋教师评分 ×60% 计算得分，见表 4-10。

表 4-10 职业意识评价表

评价内容		评价标准	权重	自评	师评
知识储备	岗位内容	能归纳岗位的具体内容	10分		
	责任分工	能区分职责权利的内容	10分		
	职责标准	能理解岗位职责标准的内容	10分		
拓展提升	职业训练	能根据知识储备举例分析	10分		
	职业探讨	能运用所学知识进行案例分析	10分		
	总结归纳	能独立完成总结归纳任务	10分		
职业素养	语言表达能力	能把想法和意图清晰明确地表达出来	10分		
	信息获取能力	能从多种渠道获取所需的信息	10分		
	解决问题能力	能提出合理化建议和创新见解	10分		
	团队合作能力	能各尽所能、与其他成员协调合作	10分		
		综合评分	100分		

主题五 岗位管理

岗位管理是指从业人员在岗位上，设定一个短期、长期的规划和目标，明确自己需要完成的工作内容以及应当承担的责任范围，并根据自身特点，结合自身优势和岗位标准，制定并实施计划，从而完成目标。

5.1 岗位目标管理

※案例 5.1

为实现目标而坚持

就读某职业院校已经四年的小陈终于迎来了盼望已久的实习期。带着成为项目经理的目标,他进入一家建筑公司开始实习。为了以最快的速度熟悉工程,融入工作环境,刚到单位第一天,小陈就在老员工的带领下去了工地。小陈一来到工地,就产生了浓厚的好奇心,特别是一想到即将在这里开始自己的实习生涯,内心就抑制不住喜悦。看着工地上项目经理和工人们正在研究图纸、分配任务、查看施工进度的忙碌身影、庞大的工程规模和脸上敬业的表情,小陈感觉到建筑从业者是如此神圣和伟大,更坚定了自己的目标,一定要成为一名出色的项目经理。

然而,成功之路从来就不是一帆风顺的。小陈在实习的第一天就遇到了难题,学校里学的知识远不够应付实际情况,实习时遇到的问题一大堆,几乎就是从零开始。他每天跟着老员工早出晚归,从最简单的事情开始做。每天早上五点半就进工地,夏天火辣辣的太阳晒得皮肤生疼,中午又只有半小时的休息时间,一整天下来,人都快累瘫了,晚上洗澡的时候发现脖子上都晒出领子的形状了。一次偶然的机会,小陈发现公司的老员工刘师傅正在准备建造师考试,刘师傅已经年近六十岁,马上要退休了。"我学历不高、基础很差,之前也考过几次,但都没有通过,这是我的目标,我一定要在退休之前考取建造师。人应该不断充实自己,特别是你现在还年轻,应该学习的东西更多。"这一番话,让小陈更加坚定了自己的目标,他相信只要能够坚持下来,一定可以实现自己的目标。此后,小陈每天在工地师

傅的带领下，一步步脚踏实地走下去……在项目经理这个目标的指引下坚持努力奋斗。

学校是一座象牙塔，人们一旦离开象牙塔，怀着美好的愿望和理想，准备在你所不知的世界里一展身手时，现实就会给你当头一棒，不管是身体还是心理。案例中，虽然实习单位的工作条件恶劣，但是当小陈看到年迈的刘师傅还在坚持考建造师的时候，就觉得困难都不算什么，并立志一定要朝着自己的目标坚定不移地走下去。

讨论：

1．小陈的目标明确吗？
2．小陈能成为项目经理吗？
3．小陈怎样才能成为项目经理呢？

一、目标管理

目标是指希望在未来的一定时间内达到的状态、成果。

岗位目标是指对于自己所处岗位的短期、长期的规划和目标。通过规划，自己在岗位上的职责与目标明晰化，明确自己所需要去完成的工作内容以及应当承担的责任范围，并将它落实到具体工作的一种自我管理方法。

目标管理是以目标为导向，以人为中心，以成果为标准，而使组织和个人取得最佳业绩的现代管理方法。目标管理亦称"成果管理"，俗称责任制。

二、目标管理的特点

（一）注重自我管理

目标管理的基本精神是以自我管理为中心。在整个目标的实施过程中，目标管理特别注重自我控制和自我调整，促使员工通过对自身的监督与衡量，不断修正自己的行为，把目标作为激励的手段和方法，尽量发挥自我的各项能力来实现。

（二）强调自我评价

目标管理强调自我对工作中的成绩、不足、错误进行对照总结。对各级目标的完成情况，事先规定出期限，并定期进行检查，检查的依据就是事先确定的目标。它以目标实现程度进行成果评价，经过评价，使目标管理进入下一轮循环过程。

（三）目标的激励作用

目标确定之后，由于它能使人明确方向看到前景，因此能起到鼓舞人心、振奋精神和激发斗志的作用，而且在目标执行过程中，由于目标的制定都具有一定的先进性和挑战性，在实际工作中必须通过一定的努力才能达到，因此有利于激发人们工作的积极性和创造性。

三、目标管理的作用

（一）认清方向，制定适合自己的规划

目标管理是一个自我审视的过程，对于工作的任务、工作的流程、工作的期限，从设定的目标开始，计划下一步具体的行动。

（二）认清现状，做出正确决策

有数据统计表明，每个人一天要经历200次决策，目标管理帮助我们评估自己的行为，确定什么是要做的，什么是不用做的，它可以帮助人们抓住重点，确定事情的优先

级，有利于合理安排时间。

（三）关注结果，使工作中更有动力

大多数人很难对某件事持续的投入精力和热情，目标管理能让我们对一件事保持持续的动力，如果把大目标分解成小目标，然后持续执行，更能激发自身的潜能。

四、目标的制定与分解

（一）制定目标

明确自己要完成的工作内容和任务，制定一个短期的岗位目标。比如，某职校电子商务专业毕业生刚进入企业售后客服部门实习时，可以先制定一个月的岗位目标：熟悉公司的规章制度，熟知接听客户电话的相关业务流程。只有明确了目标，才能确定为了实现目标必须开展什么工作，各项工作需要配置何种资源、配置多少等。人们在制定目标时经常采用图 5-1 所示的 SMART 原则。

SMART 原则（S=Specific、M=Measurable、A=Attainable、R=Relevant、T=Time-bound）是为了更加明确高效地工作，不管是短期目标还是长期目标都必须符合上述原则。

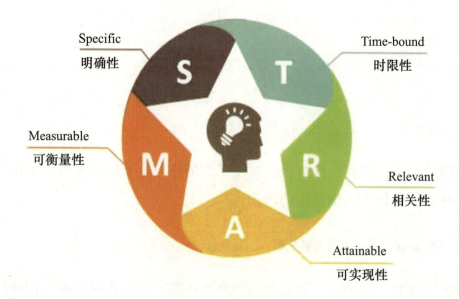

图 5-1　SMART 原则

1．明确性

所谓明确性（Specific）就是要用具体的语言清楚地说明要达成的行为标准。明确的目标几乎是所有成功的一致特点。

实施要求：目标设置要有项目、衡量标准、达成措施、完成期限以及资源要求，能够很清晰地知道要做哪些事情，计划完成到什么样的程度。

2．可衡量性

可衡量性（Measurable）就是指目标应该是明确的，而不是模糊的。应该有一组明确的数据作为衡量是否达成目标的依据。

实施要求：目标的衡量标准遵循"能量化的质化，不能量化的感化"。有一个统一的、标准的、清晰的可度量的标尺，杜绝在目标设置中使用形容词等概念模糊、无法衡量的描述。对于目标的可衡量性应该首先从数量、质量、成本、时间、上级或客户的满意程度五个方面来进行，如果仍不能进行衡量，其次可考虑将目标细化后，再从以上五个方面衡量，如果仍不能衡量，还可以将完成目标的工作进行流程化，通过流程化使目标可衡量。

3．可实现性

可实现性（Attainable）是指目标是要能够被执行人所接受的。

实施要求：目标设置要使工作内容饱满，也要具有可达性。可以制定出跳起来"摘桃"的目标，但不能制定出跳起来"摘星星"的目标。

4．相关性

相关性（Relevant）是指实现此目标与其他目标的关联情况。如果实现了这个目标，但对其他的目标完全不相关，或者相关度很低，那这个目标即使被达到了，意义也不是很大。

5．时限性

时限性（Time-bound）就是指目标是有时间限制的。

实施要求：目标设置要具有时间限制，根据工作任务的权重、事情的轻重缓急，拟定出完成目标项目的时间要求，以及根据异常情况变化及时地调整工作计划。

总之，制定的工作目标必须符合上述五个原则，且缺一不可。另外，制定目标的过程也是工作掌控能力提升的过程。

（二）分解目标

目标是需要分解的。一个人制定目标的时候，要有最终目标（长期目标），将最终目标分解成若干个大目标，再将每个大目标分解成若干个更小的目标，这样一直分解下去，直至具体到此时此刻该做什么（即时目标）。看起来遥不可及的目标在层层分解下，要实现起来竟不是这么难了。这就是目标分解中的剥洋葱法，如图5-2所示。

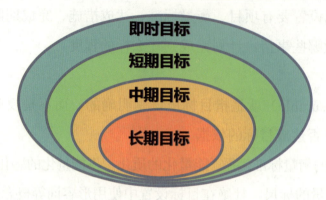

图5-2　剥洋葱法

例如，扎马步时怎样才能让自己坚持时间更长。比如，你现在的水平只能一口气扎5分钟，长期目标是一口气坚持扎1小时。这个目标听上去有点让人望而却步，中间有12倍的差距，这个鸿沟我们能跨越吗？

现在我们运用剥洋葱法来分解这个目标。

从3分钟扎起，坚持每天多扎30秒，每两天增加1分钟。算下来120天（也就是4个月）就可以达到扎1个小时的目标。每天多坚持30秒对大多数人来说并不是难事，咬咬牙就挺过去了。如果感觉有点吃不消，那就每天只加10秒。这样算下来需要360天，也就是1年时间即可完成长期目标了。

当实现了一个小目标的时候，我们就及时地得到了一个正面激励。当机会来临时，目标分解可以赋予我们强劲的执行力，这对于培养挑战最终目标的信心起到十分重要的作用。

五、目标的实施与评价

（一）目标的实施

当目标被分解成一个个小目标的时候，我们需要为它制定一个计划。

计划有广义和狭义之分。广义的计划是指制定计划、执行计划和检查计划执行情况三个紧密衔接的工作过程。狭义的计划仅指制定计划，即根据实际情况，通过预测，权衡客观的需要和主观的可能，提出在未来一定时期内要达到的目标，以及将其实现的途径。

1．制定计划

为了实现目标，首先要找到自己的定位，找出自己想实现什么目标？想在什么时候达到什么样的成果？不断探究内在的需求并将此作为动力，同时厘清自己的思路，寻找出有利于实现目标的助力点，然后制定一份计划。

2．执行计划

执行是将计划付诸行动的过程。在执行的过程中，贵在坚持。在生活中，遇到困难时，人们总是容易选择放弃，因为人的本性就是选择容易的事情，而逃避困难的事情，所以要克服自己的内心恐惧，不停寻找心灵上的动力，不断鼓励自己向前，每向着目标前进一步，就代表着目标被实现的可能增加了一分。

3．检查计划执行情况

为了保证计划的有效执行，要先对计划进行跟踪反馈，及时检查计划执行情况，再分析计划执行中存在的问题，然后做出必要的调整。

（二）目标的评价

在目标管理的过程中，我们要进行不断的反思总结，为避免目标被无限期地拖延。在制定目标后应该时刻提醒自己，按时达成。当达到预定的期限后，先进行自我评估，再制定下一阶段目标，开始新的循环。如果目标没有完成，应分析原因并总结教训，调整之后再努力实现。

> **职场小贴士**
>
> 美国成功学创造者拿破仑·希尔有这样一句名言：一切成就的起点是渴望。所有成功都必须有一个明确的目标，当你执着地追求目标时，就会发现所有的行动都会带领你朝着这个目标迈进。当一个人下定决心后，往往没有什么能阻止他实现目标。

职业训练

一、课堂讨论

※案例 5.2

三个石匠

有个人经过一个建筑工地,问那里的石匠们在干什么。三个石匠有三种不同的回答。第一个石匠回答:"我在做养家糊口的事,混口饭吃。"第二个石匠回答:"我正在建造一座大教堂。"第三个石匠回答:"我在做整个国家最出色的石匠工作。"

讨论:

1. 分析三个石匠工作的目标是什么?
2. 三个石匠的目标明确吗?
3. 你更倾向于认同哪个石匠的回答?

二、案例分析

※案例 5.3

马拉松运动员山田本一

山田本一是日本著名的马拉松运动员。他曾分别在1984年和1987年的国际马拉松赛中夺得世界冠军。记者问他凭借什么取得如此惊人的成绩,山田本一总是回答:"凭智慧战胜对手!"

大家都知道,马拉松赛主要考验的是运动员体力和耐力,而爆发力、速度和技巧还在其次。因此对山田本一的回答，许多人觉得他是在故弄玄虚。

后来，这个谜底被揭开了。山田本一在自传中这样写道：每次比赛之前，我都要乘车把比赛的路线仔细地看一遍，并把沿途比较醒目的标志画下来，比如第一标志是银行；第二标志是一个古怪的大树；第三标志是一座高楼……这样一直画到赛程结束。

比赛开始后，我就以百米的速度奋力地向第一个目标冲去，到达第一个目标后，我又以同样的速度向第二个目标冲去。40多千米的赛程被我分解成几个小目标，跑起来就轻松多了。开始时我把目标定在终点线的旗帜上，结果当我跑到十几千米的时候就疲惫不堪了，因为我被前面那段遥远的路吓到了。

讨论：

1. 山田本一的最终目标是什么？

2. 请用 SMART 原则分析山田本一的目标。

（S_____）_____性：_____
（M_____）_____性：_____
（A_____）_____性：_____
（R_____）_____性：_____
（T_____）_____性：_____

3. 请尝试用剥洋葱法写出山田本一的目标。

即时目标：_____
短期目标：_____
中期目标：_____
长期目标：_____

职业探讨

※案例 5.4

我的目标

有位同学举手问老师:"老师,我的目标是想在一年内赚 100 万元!请问我应该如何分解自己的目标呢?"老师便问他:"你相不相信你能达成?"他说:"我相信!"老师又问:"那你知不知道要通过哪些行业来达成?"他说:"我现在从事保险行业。"老师接着又问他:"你认为保险行业能不能帮你实现这个目标?"他说:"只要我努力,就一定能实现。"

"我们来看看,你要为自己的目标做出多大的努力,根据提成比例,100 万元的佣金大概要做 300 万元的业绩。一年 300 万元业绩。一个月 25 万元业绩。每天 8 300 元业绩。"老师说。"每天:8 300 元业绩。大概要拜访多少客户?"老师接着问他。"大概要拜访 50 个客户"。"那么一天要拜访 50 个客户,一个月要拜访 1 500 个客户;一年呢?就需要拜访 18 000 个客户。"

这时老师又问他:"请问你现在有没有 18 000 个客户?"他说没有。"如果没有,就要靠陌生拜访。平均一个人你要谈多长时间呢?"他说:"至少 20 分钟。"老师说:"每个客户要谈 20 分钟,一天要谈 50 个客户,也就是说你每天要用接近 17 小时与客户交谈,还不算路途时间。请问你能不能做到?"他回答:"不能。老师,我懂了。这个目标不是凭空想象的,是需要按照一个能实现的计划而定的。"

讨论:

1. 这位同学的目标可达成吗?
2. 请用 SMART 原则点评这位同学的目标。

职业分享

请以你实习过的或者兼职过的岗位为例，分享一下自己当初的目标，以及目标实施的过程。例如，职业学校三年级的时候，我在一家电商企业客服岗位实习了三个月，当初我是这样规划的，第一周……第二周……

_____
_____
_____
_____

职业提升

你即将进入学校安排的企业实习一个学期，请结合 SMART 原则与剥洋葱法为自己制定一个科学的、可实现的目标。

例如，我将在××物流公司仓储部实习三个月，我的目标是成为企业的优秀实习生……

职业感悟

感悟 1：

感悟 2：

5.2 岗位计划管理

职业储备

※案例 5.5

工作有计划，职场有晋升

王兰毕业于某职业学院的企业管理专业，凭借扎实的文字功底和较高的综合素质，她被一家公司聘用，从事行政文员工作。

每天走进办公室，王兰第一件事就是拿出一个笔记本，对一天的工作内容进行规划，并按照事情的重要程度、时间进程，在工作内容后面做上标记。每项工作需要注意哪些事项，她都简要写上关键词，提醒自己不要出现疏漏。

这天早上，总经理把王兰叫到办公室，把她一天的工作任务安排了出来：上午十点，他要去参加一个谈判，和客户商讨合同事宜，让王兰拟定合同；中午十二点，他要参加分公司成立的揭牌仪式，让王兰写发言稿；下午三点，他要到南方的一座城市参加展会，让王兰预订机票。

接到工作任务后，王兰立即厘清思路，第一时间在网上预定了下午的机票，然后协调各部门商讨合同的相关条款。把拟好的合同送交总经理审阅后，她开始着手写中午的发言稿，凭借着良好的职业素养，只用了40分钟时间就写完了。这时总经理正好修改完合同，开始审阅发言稿。等总经理审完后，王兰又认真地把合同和发言稿检查了一遍。随后，总经理带着合同和发言稿去会见客户了。下午一点，王兰给的司机打了电话，让他送总经理送机场。看似繁杂的工作，王兰却思路清晰，处理得井井有条，每项任务都完成得非常出色。

这年年底，公司的人事部经理另谋高就，王兰被提拔为新的人事部经理，实现了职场上的一次跨越。

这个案例告诉我们，在工作中要学会统筹规划，什么事情比较重要，要提前处理；什么事情没那么紧急，就可以先缓一缓。要分清主次、抓住重点。另外，做工作记录也是王兰的工作方法,思路清,效果佳,最后升职也是理所当然的事情了。

讨论:
1. 王兰做了工作计划吗?
2. 你认同她制定的工作计划吗?

一、计划管理

古人云:"凡事预则立,不预则废。"所谓做任何事情,事先谋虑准备就会成功,否则就要失败,这就是计划。

计划是连接目标与目标之间的桥梁,也是连接目标和行动的桥梁。若没有计划,则实现目标往往可能是一句空话。计划对于人生来说相当重要,没有计划的人生杂乱无章,看似忙碌却是毫无章法的。

岗位计划是指为实现目标而制定的具体的工作部署与安排:包括工作任务、负责人、完成时间及所需资源等。岗位计划管理就是合理地利用人力、物力和财力,组织筹谋过程,以达到预期的目标可执行方案。

二、计划管理的特性

(一)预见性

计划不是对已经形成的事实和状况的描述,而是在行动之前对行动的任务、目标、方法、措施所做出的预见性确认。它以实现今后的目标以及完成下一步工作和学习任务为目的。

（二）针对性

计划是根据党和国家的方针、政策和有关的法律、法规，针对实际情况制定的，目的明确，具有指导意义。

（三）约束性

计划一经设定，在其所指向的范围内就具有了约束作用，个人需要按计划的内容开展工作和活动，不能违背也不能拖延。

（四）目的性

每个计划及其辅助计划都是为了实现总目标或一定时期的目标服务的，没有计划，就不可能实现最终目标。

（五）明确性

计划应明确表达出目标和任务，明确表达出实现目标所需的资源以及所采取的程序、方法和手段，明确表达出在执行计划过程中的权利和职责。

（六）效率性

计划工作的任务不仅要确保总目标的实现，而且要从众多方案中选择最优的资源配置方案，在实现总目标的过程中合理地利用资源和提高效率。

三、计划管理的作用

计划的作用在于计划可以给出方向，使置身于复杂多变和充满不确定性因素的环境中的个人，始终把其主要的注意力集中在既定目标上，使其所有的行动保持方向一致。

（一）督促监督

制定好一个计划并按照步骤和要求来完成一项工作，结果可能更令人满意。计划起到一种督促与监督的作用，可以预防和纠正执行过程中出现的偏差。

（二）提示作用

制定出具体的计划，将这些环节写进计划书中，就可以提示某阶段要做哪些工作，这时工作计划可以起到提示的作用。

（三）厘清思路

制定工作计划的过程是个思考的过程，制定好工作计划以后，在心中基本上对某个项目已经"胸有成竹"了。在制定的过程中，已经将工作思路厘清，做起来自然就"水到渠成"。

（四）锻炼思维

在制定工作计划时，通过语言组织表达出来，经常制定工作计划，可以增强人的逻辑思维与直觉判断能力，同时也可以增强语言文字的组织与表达能力。

（五）培养习惯

经常制定工作计划，可以使人的生活、工作和学习比较有规律性，有助于养成好习惯。

（六）总结回顾

在制定工作计划时，可以回顾以前计划中存在的不足，总结一些经验，可以预防同类问题再次出现，使人做起事来得心应手。

四、计划的管理

（一）计划的起点

分析形势是整个计划工作的起点。我们不仅需要对自己评估当前状况，还需要对工作内容进行分析，以确定最终是否能实现目标。

1. SWOT 分析法

所谓 SWOT 分析（表 5-1），即基于内外部竞争环境和竞争条件下的态势分析，就是将与研究对象密切相关的各种主要内部优势、劣势和外部的机会和威胁等，通过调查列举出来，再依照矩阵形式排列，然后用系统分析的思想，把各种因素相互匹配起来加以分析，从中得出一系列相应的结论，而结论通常带有一定的决策性。

运用这种方法，可以对研究对象所处的情景进行全面、系统、准确的研究，从而根据研究结果制定相应的发展战略、计划以及对策等。

（1）分析环境因素。运用各种调查研究方法，分析出所处的各种环境因素，即外部环境因素和内部环境因素。外部环境因素包括机会因素和威胁因素，它们是外部环境对个人的发展直接有影响的有利和不利因素，属于客观因素；内部环境因素包括优势因素和劣势因素，它们是个人在其发展中自身存在的积极和消极因素，属主观因素。在调查分析这些因素时，不仅要考虑到历史与现状，而且更要考虑未来的发展问题。

表 5-1　SWOT 分析法

内部因素	优势（Strengths）	兴趣爱好、学历文凭、擅长的工作等
	劣势（Weaknesses）	缺点、性格、不擅长的事情等
外部因素	威胁（Threats）	企业要求提高、社会竞争压力加大等
	机会（Opportunities）	社会需求增大、行业发展迅速等

SWOT 分析法的优点在于全面考虑问题，是一种系统思维，而且可以把对问题的"诊断"和"处方"紧密结合在一起，条理清楚，便于检验。

（2）构造 SWOT 矩阵。将调查得出的各种因素根据轻重缓急或影响程度等排序方式来构造 SWOT 矩阵。在此过程中，将那些对个人发展有直接的、重要的、大量的、迫切的、久远的影响因素优先排列出来，而将那些间接的、次要的、少许的、不急的、短暂的影响因素排列在后面。

（3）制定行动计划。在完成环境因素分析和 SWOT 矩阵的构造后，便可以制定出相应的行动计划。制定计划的基本思路是：发挥优势因素，克服劣势因素，利用机会因素，化解威胁因素；考虑过去，立足当下，着眼未来。

2．四象限法则

四象限法则（图 5-3）是时间管理理论的一个重要观念，是有重点地把主要的精力和时间集中地放在处理那些重要又紧急的工作上，这样可以做到未雨绸缪，防患于未然。

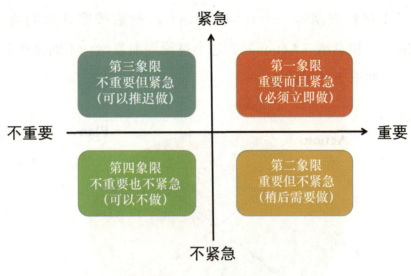

图 5-3　四象限法则

在人们的日常工作中，很多时候往往有机会很好地去计划和完成一件事，但却没有及时去做，随着时间的推移，工作质量下降了。因此，把主要的精力有重点地放在重要又紧急这个"象限"的事务上是必要的。处理重要又紧急的事务，需要合理安排时间。一个好的方法是建立预约制定计划，这样才能有效地开展工作。

如果把要做的事情按照紧急、不紧急、重要、不重要的排列组合分成四个象限，这四个象限的划分有利于我们对时间进行深刻的认识及有效的管理。

第一象限包含重要而且紧急的事情，这一类事情具有时间的紧迫性和影响的广泛性，无法回避也不能拖延，必须首先处理优先解决。

第二象限包含重要但不紧急的事情，这一类事情不具有时间上的紧迫性，但是，它具有重大的影响，对于个人的发展具有重大的意义，可以稍后再做。

第三象限包含不重要但紧急的事情，这类事情很紧急但并不重要，因此这一象限中的事情具有很大的欺骗性，往往因为紧急而占据人们很多宝贵时间，所以应有时间再做。

第四象限中的事情大多是些琐碎的杂事，不重要也不紧急，这类事情是在浪费生命，可以不用做。

（二）计划的方法

完成分析后，接下来就是为了完成目标制定具体的计划了。

任何一项工作都要先制定一个计划（Plan），然后按照计划的规定去执行（Do It）、检查（Check）和总结（Action）。这个过程周而复始，不断循环前进，这就是著名的 PDCA 法则，如图 5-4 所示。

图 5-4　PDCA 法则

PDCA 法则是一种风靡东西方管理界和思想界的计划流程，它可以用于规划自己的工作和生活。其具体内容如下：

1．**唯有计划，才有效率**

制定计划时，应考虑要达到什么样的目标（What），目的（Why），何时做（When），何处做（Where），何人做（Who），怎么做（How），成本（How Much），西方管理学对计划的这些内容归纳为"5W2H"。计划实施完毕后，将整个计划执行的过程回顾一遍，仔细考虑每个细节，确认成功的部分，记下失败的地方，争取在执行下一个计划时不犯同样的错误。

2．**果断行动，坚持不懈**

失败者往往在彷徨中丧失千载难逢的机遇，而成功者则善于抓住机遇、果断行动；失败者往往因为半途而废丢掉大好的前程，而成功者总是在坚持不懈中得到幸运之神的眷顾。因此，对计划的执行者来说，最重要的就是要果断行动、坚持不懈。不要轻易改变自己的目标，不要因为困惑和犹豫而与成功的机会失之交臂。

3．**反复检验，及时调整**

如果在检验中发现偏差，则需要查缺补漏、及时调整，以免犯更大的、不可挽回的错误；如果在检查中证实了计划的有效性和正确性，就可以加大投入、将计划执行到底。

4．吸取教训，从头再来

在计划执行过程中，遇到失败和挫折是难免的事，必须学会从失败中汲取经验或教训，不被挫折击垮，勇敢地重新开始。重新开始的勇气和决心是每个成功者必备的基本素质，也是通向成功的决定性力量。

这一点是极其重要的，所以，我们把"自省"作为指导"执行"的主要态度。

PDCA法则是一种十分有用的执行力管理与修炼的指导工具，它几乎人人可以应用，时时可以应用，事事可以操作，讲求效率而不用付出特殊的时间和精力，选择PDCA法则就等于提高执行力，就等于选择成功。

> **职场小贴士**
>
> 有计划的生活即使紧张，也会井然有序；有计划的工作即使繁忙，也会充实而有效率；有计划的人生即使艰辛，也可以处之泰然。计划不仅能让思维清晰，也能帮助人们达到事半功倍的效果。

职业训练

1．案例5.5中的王兰做了计划后对工作产生了什么帮助？

2．案例5.5中，面对总经理布置的任务，王兰是如何制定计划的？

3．案例5.5中，王兰这样安排工作合理吗？

4．请用四象限法则，画出案例5.5中王兰的工作内容，如图5-5所示。

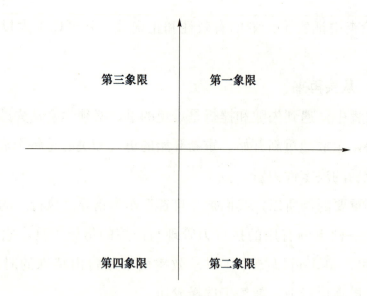

图 5-5　王兰的工作内容

职业探讨

对即将走上岗位的自己做一个 SWOT 分析，并将内容记录在表 5-2 中。

例如，我是电子商务专业的学生，我的优势是曾在电商企业客服岗位实习过三个月，了解客服的工作内容；拥有的机会是电商企业的迅速发展给我们带来了很多就业机会。

表 5-2　SWOT 分析

内部因素	优势（Strengths）	
	劣势（Weaknesses）	
外部因素	机会（Opportunities）	
	威胁（Threats）	

职业分享

请以者学长或朋友为例，分享一下他们在实习中做工作计划的经历。

例如，在毕业前期，我到盒马鲜生实习，有一个学长负责带我，我看到他每天早晨都会记录当天的工作内容并安排好时间……

职业提升

请用5W2H分析法（图5-6）策划一个项目并将相关说明填入表5-3中。

图 5-6　5W2H 分析法

表 5-3　某项目 5W2H 计分析

5W2H	说明	作用
目标 What		问题 分析 规划
目的 Why		
何时做 When		
何处做 Where		
何人做 Who		
怎么做 How		执行
成本 How Much		评估

职业感悟

感悟 1：

感悟 2：

主题评价

根据主题内容，学生完成自我小结并进行自评打分。教师根据学生活动情况进行点评并完成教师打分。最后按自评分 ×40%＋教师评分 ×60% 计算得分，见表 5-4。

表 5-4　岗位管理评价表

评价内容		评价标准	权重	自评	师评
知识储备	目标管理	能分析目标的特点	10 分		
	计划管理	能总结计划的作用	10 分		
	计划内容	能理解计划的要素	10 分		
拓展提升	职业训练	能根据知识储备完成目标的制定与分解	10 分		
	职业探讨	能运用所学知识进行计划的制定	10 分		
	总结归纳	能独立完成总结归纳任务	10 分		
职业素养	语言表达能力	能把想法和意图清晰明确地表达出来	10 分		
	信息获取能力	能多种渠道获取所需的信息	10 分		
	解决问题能力	能提出合理化建议和创新见解	10 分		
	团队合作能力	能各尽所能、与其他成员协调合作	10 分		
		综合评分	100 分		

实习管理　主题六

　　实习是职业类院校落实专业培养和教学计划的重要组成部分，是培养学生良好职业道德和熟练职业技能的有效途径。实习管理由学校、企业、家长三方共同参与，学校和企业双方共同管理，对学生在实习过程中的工作、生活及人际交往进行协调和指导，促使学生在毕业后能尽快适应工作岗位。

6.1 服从学校管理

职业储备

※案例 6.1

小夏是某职业学校电子商务专业的学生。实习期间,他在一家美工接单平台工作。实习前,班主任曾介绍过当前的就业情况,特别对美工类企业进行了说明,这类企业的主要收入以业务提成为主,短期内工资水平相对较低,要做好3～6个月低薪的准备,但长期而言,成长空间比较大。

小夏在校期间的美工设计水平不错,她对自己比较有自信,也做好了思想准备。但在企业工作了一周后,小夏的自信心受到了打击:在校期间,任课老师对作图速度要求不高;但在企业,完成设计工作有严格的时间要求,加上客户不断地提出意见、要求修改,小夏几乎每天都要加班。一个月之后,小夏拿到了第一笔实习工资,看着工资卡上的数字,在和房租、水电、餐费以及其他生活费用的开支对照后,小夏感到了巨大的压力,他想换工作。

班主任从其他同学处了解到了小夏的情况,立即跟小夏取得了联系,对小夏进行了劝说。美工设计一直是小夏喜欢的工作,美工制作水平的提高需要一定的时间,希望小夏能坚持自己的初心。班主任还联系了企业的实习指导老师,指导老师也与小夏进行了交谈。另外,班主任也与小夏的家长进行了交流,请他们给孩子支持和鼓励。经过多方的劝说,小夏终于坚定了信心,不再胡思乱想,全心全意投入自己喜欢的工作中。经过一年的实习,小夏凭借优异的成绩留在了企业,工资也达到了自己的理想水平。

讨论:

1. 实习期间,小夏的决定受到了哪些因素的影响?这些因素有什么作用?
2. 根据案例,分析实习期间学校管理对学生的意义。

学生实习是教学工作的组成部分，学校对实习生的管理工作非常重要。良好的实习管理，是提高学生实习质量的基本保证。在实习的过程中，学校的管理和老师的帮助能让学生在毕业后尽快地融入社会，走向工作岗位。

一、学校实习管理的含义和必要性

（一）学校实习管理的含义

学校的实习管理即学校在学生实习期间的管理，具体而言就是各类职业院校按照上级主管部门的文件要求，结合学校的办学实际，为保障学生顺利完成实习工作，按照学校专业培养目标和统一教学计划，而制定的涉及学生实习中的学习、生活、工作等各个方面的制度体系的总和，包括各种规定、制度和办法等。学生实习管理也是学校管理体系中的重要组成部分。

（二）学校实习管理的必要性

（1）职业学校学生实习是学校教育教学的基本环节和核心部分，无论是认识实习、跟岗实习还是顶岗实习都是实习的形式，是学校教学的组成部分。学校在实习中强化教学功能，培养和增强学生的社会责任、创新精神和实践能力，提高技术技能人才的培养质量既是学校的职责所在，也是学校依法治校的直接体现。

（2）职业学校学生年纪尚小，心理尚未成熟，在实习中可能出现各种不适应，包括心理不适应：在新环境中遇到新的困难，导致学生挫败感和无助感显著增强。工作不适应：缺乏工作经验，技能尚不熟练，怀疑自己的能力，畏惧眼前的工作。身体不适应：工作强度大导致体力不支。饮食不适应，出现身体不适的状况。学生在实习中遇到的这些困难，需要班主任和实习指导老师及时关心、帮助和劝导。通过学校实习管理工作的帮助，学生可以顺利实现从学生到职业人的转变。

（3）学校的目标与企业的目标大不相同。学校通过教育教学为社会提供符合需要的技能人才，企业需要通过学校培养的人才实现自己经营目标。因此，学校对学生的管理应更系统、更长远、更符合学生的长期发展。

二、学校实习管理的具体内容

（一）安全管理

学生是学校的主体，学校不仅要维护校园内学生的利益，也要维护好参加实习生的利益。学生在校期间，学校要有针对性地开展安全生产法律法规的教育活动，让学生认识和了解企业的安全生产要求和措施，逐步形成安全生产意识，增强对于安全生产的自觉性，养成安全生产的习惯，保障学生实习期间的生命和财产安全。

（二）行为管理

实习生虽然参加了企业的实习工作，但仍属于学校的学生，因此必须遵守学校的各种行为规范要求。在教育活动中，对学生进行行为规范管理是任何一个学校必不可少的日常工作，有利于学生养成良好的行为习惯、提高职业素养、提升道德素质。

实习生在企业工作，不仅体现了个人素质，而且实习生的行为代表了学校的整体形象。企业通过个体学生的行为了解学校的管理和教学水平，为企业和学校的长期沟通与合作提供了一定的条件。

（三）考勤管理

1. 考勤制度是学校正常运转的基本保障

考勤制度是学校教学秩序顺利开展的重要条件，是培养学生良好的纪律意识、学习风气、意志品质和良好学习习惯的重要保证，也是及时了解课堂教学效果、心理健康和生活状态的重要途径。

2. 考勤制度是公司正常运转的基础

企业通过考勤制度来统一全体员工的工作时间，规范全体员工的工作行为，提高全体员工的工作效率。

3. 考勤制度对于学校和企业具有同等重要的地位

实习生需要同时遵守学校的考勤制度和企业的考勤制度。企业考勤制度规范的是上下班的行为，学校的考勤制度重在保证学生的安全。学校可以通过学生离校和回校时间的汇报，住宿请假制度的管理了解学生的动向，确保学生的人身安全。

（四）内务管理

学生寝室由于特殊的空间位置形成了一定的寝室文化，寝室文化也是校园文化的组成部分。寝室内务工作管理是寝室文化的重要组成部分，它对学生的学习、生活甚至实习工作等各方面都会产生较大的影响，合理的寝室内务管理有利于学生的学习，并促使其全面发展；有利于学生保持健康的精神状态；有利于学生自身素质提高。严格的寝室内务工作管理是保证学生顺利实习的前提条件之一。

三、学校实习管理的实施

（一）实习前的准备工作

首先，实习前，班主任通过召开主题班会，观看相关视频，引导学生做好向职业人转变的心理准备，在日常学习和生活中逐步培养起足够的心理承受能力及独立工作的能力，克服困难的勇气和持之以恒的毅力，特别要培养学生吃苦耐劳的精神和爱岗敬业的精神，纠正学生眼高手低的弱点。同时，班主任通过对成功人物和成功企业的介绍，让学生逐渐理解，实习岗位的工作内容和薪资并不是最重要的，重要的是通过实习工作真正了解社会，适应社会，挖掘自己的潜能去体现自己的价值，通过实习真正找到适合自己的职业岗位。

其次，实习指导老师通过实习指导类的课程，一方面向学生介绍劳动力市场的状况，专业的岗位设置情况，各大企业的用人情况以及企业的薪资组成；另一方面通过讲解以往实习生的典型工作案例，帮助实习生了解相关职业，让实习生端正就业态度、培养努力工作的信念。通过一系列的教育学习，培养实习生的职业道德和敬业精神，养成自觉学习的习惯。

最后，实习工作需要家长的配合。实习前，班主任召开家长会，介绍实习生开展实习的目的和意义，实习的内容和方法，以及学校对实习工作所采取的管理措施，让家长对实习生的实习工作有充分的了解。同时，要求家长签订《告家长书》《实习安全承诺书》

等；在告知家长实习前，学校将为每位实习生购买相关的保险，保证实习生在实习期间的安全和合法权益不受损害。对有情况特殊的实习生，班主任需要单独联系家长，共同探讨，寻找适合学生的模式和方法。

（二）实习期间的管理工作

实习期间学校管理工作主要包括以下几个：

（1）班主任需负责实习生实习期间的思想教育、心理辅导等工作；妥善处理各种突发事件，确保实习工作的顺利进行。

（2）班主任与实习生家长进行定期电话联系或家访，及时向家长告知实习生在实习中的情况及表现，取得家长充分的支持和配合。

（3）班主任定期在线召开主题班会，有针对性地对实习过程中的个例进行分析和讲解，通过分享身边案例，提高实习生的自信心和工作责任心。

（4）班主任定期走访企业，看望实习生，与企业相关责任老师沟通，了解实习生工作情况，对实习生表示关心和支持，让实习生感受到学校对实习学生的重视。

（5）学校实习指导老师与班主任共同负责实习期间实习生的工作情况，了解实习生的心理，实习生实习的考核，实习材料的整理、归档和上报；通过定期巡回检查，及时掌握并解决实习管理中存在的问题。

学校通过严格、规范、科学的管理，在实习期间，使实习生工作开心，让家长在家安心，让企业用人省心，让社会各界放心。

（三）实习结束的整理工作

（1）实习报告。班主任下发实习表格，由实习生对实习期间的工作进行回顾、总结，撰写实习报告，实习报告主要包括实习时间、实习内容、岗位要求、实习心得等方面内容。

（2）实习鉴定。实习结束前一周，班主任与实习企业进行沟通，由实习企业对实习生进行实习鉴定，实习完毕后由班主任收回、统一归档。

（3）实习考核。学校根据实习生的实习计划、实习态度、实习操作技能、实习纪律和实习企业意见等内容，制定考核标准。班主任依据标准做好实习生的评价，由班主任和指导教师评定实习成绩。

（4）实习分享。实习结束后一周内，由班主任组织邀请企业指导老师参加，召开实习生实习分享会。实习生在分享会上互相分享实习心得，探讨得失，取长补短，企业指导老师总结实习生表现，对实习生进行鼓励，提出希望和建议。

学校通过实习期间对实习生的管理，维护实习生在企业期间的合法权益，保障实习生的安全，提高实习生的适应能力和应对挫折的能力，提升实习生的职业素质；在完成学校的教学计划的同时，培养符合社会需要的人才。

> **职场小贴士**
>
> 从学校到企业实习，对实习生而言，最重要的是必须遵守学校的规章制度，实习生实习时身份并未改变，只是学习的场所从学校转移到了企业。作为一名实习生，遵守学校的各项规章制度是实习生的本职要求；学校对实习生进行管理也是学校责无旁贷的职责。

职业训练

（1）列举学校考勤制度并将具体内容填入表 6-1 中。

表 6-1　学校考勤制度

序号	考核项目	具体内容
1	出操	
2	请假	
3	违纪	
4	其他	

（2）参照某公司管理制度的部分内容，以"考勤制度的比较"为主题，展开讨论。

考勤制度是人事管理制度的一项基础工作，是计发岗位工资、绩效工资等待遇的重要依据，为规范公司的考勤管理，特制定本管理办法。

第一章

1. 除了下列人员外,公司员工均应按规定在上下班时间考勤。

(1) 因公出差者。

(2) 因故请假,经核准者。

(3) 临时事故,事后说明事由,经核准者。

2. 公司员工上下班时间规定如下。

上午:8:00—11:30

下午:12:30—17:00

3. 员工于上班规定时间后出勤者视为迟到。员工于下班时间前,非因公司业务上的需要,擅自下班者,即为早退。

4. 员工迟到、早退10分钟内按公司相关规章制度相应条款处罚,超过10分钟视为旷工半天。

5. 员工上下班而未考勤者,除有正当理由经部门经理核准外,以迟到、早退论处;对因公未及时办理核准者,部门经理的签注意见必须于当日上班后或次日上午9时前由本人亲自送综合管理部,否则以早退论处。

6. 员工因公出差时,除经特别指示外,应视为正常工作时间上下班。

7. 周六或周日为公司公休日。因业务需要,停电或其他不得已原因,公司可临时变更公休日。

第二章

8. 公司的考勤管理由综合管理部负责。

9. 考勤须知。

(1) 对有迟到、早退、擅离职守现象的员工,应进行教育;属屡教不改的,给予适当的纪律处分。如有造成严重后果的,应追究其责任。

(2) 对旷工者,公司责成其做出书面检讨。连续旷工3天,或一年内累计旷工超过5天,或旷工天数虽未达到上述天数,但次数较多,情节严重的,均以除名处理。

(3) 凡下列情况均以旷工论。

① 以不正当手段,骗取、涂改、伪造休假证明。

② 未请假或请假未批准,不到单位上班。

③ 不服从工作调动，经教育仍不到岗。

④ 被公安机关拘留。

10. 员工申请休假，需填写请假条，并在审批后，送交综合管理部留存。

未批准的，不得擅自休假，否则以旷工处理，因特殊原因本人不能亲自办理的，应提前托人或电话告假。如事前未提出请假，事后补交病假单之类的一律无效。

11. 事假须知。

（1）员工遇事必须于工作日亲自办理，应事先请假；不能事先请假的，可用电话、电邮、书信、带口信等方式请假。假期结束后，应及时办理续假或销假。

（2）员工每月累计事假不足 0.5 天，不扣发岗位工资；超过 0.5 天扣发事假期间全部岗位工资（含相应补贴）。

12. 病假须知。

（1）因病或非因公受伤，凭市级以上医院病休证明，准病假。

（2）员工到医院看病，每月放假半天，超过半天时间按病假处理。

（3）员工在休病假期间，依据其在本企业工龄计发岗位工资，满 5 年的员工按 70% 计发岗位工资；满 3 年（含 3 年）的员工按 60% 计发岗位工资；不满 3 年的员工按 50% 计发岗位工资。学校和企业考勤制度对比见表 6-2。

表 6-2　学校和企业考勤制度对比

	共同点	不同点
出勤		
请假		
违规		

（3）讨论学校和企业考勤制度区别的原因。

学校：_____

企业：_____

原因：_____

职业探讨

※案例 6.2

小方的困惑

小方是某技师学院三年级学生,参加了校企合作项目。按照学校和企业的工作安排,小方工作日在企业工作,周六在学校上课,完成学校计划课程。在住宿方面,学校统一安排参加校企合作项目的学生在学校内的宿舍楼寝室居住。同时,学校的实习指导老师和班主任对他们实行共同管理。

小方经过短期的培训,对公司的工作已经能够得心应手,组长对她的工作表现也较为满意。公司发工资后,小方想犒劳一下自己,把头发染成了紫色。组长看到了,没说什么,但实习指导老师发现后,立即找小方谈话,指出了她的错误,要求其定期做出整改。

小方非常郁闷,自己已经是公司的员工了,工资也拿到手了,为什么还要接受学校老师的管理呢?

针对小方的困惑展开讨论,并将结果填入表 6-3 中。

表 6-3 学校和企业对学生的管理

学校要求	
企业要求	
学校管理的意义	

职业分享

请从身边的故事中分享一则实习故事,举例说明学校管理对学生的重要意义。

例如,我的同学曾在一家企业实习,工作态度和工作效果都不错,但实习期间对学校的管理制度却丝毫不在意，然后……

职业提升

以"我的实习故事"为主题，举办一次专题分享活动。

通过校友真实经历的分享，让实习生能够充分认识到实习的重要性，并能体会学校管理对于实习生的必要性，引导实习生从心理上认可学校的实习安排以及对实习生的实习管理工作，减少实习生对实习生管理的抵触情绪。

1. 邀请优秀毕业生到校，回顾该校友从实习阶段到正式进入企业后的转变过程和职业经历，请其分享自己的实习故事和对企业工作安排的认知。

分享1：_____

分享2：_____

2. 学长提问环节。

问题1：_____

回答：_____

问题2：_____

回答：_____

职业感悟

感悟1：

感悟2：

主题评价

根据主题内容，学生完成自我小结并进行自评打分。教师根据学生活动情况进行点评并完成教师打分。最后按自评分×40%＋教师评分×60%计算得分，见表6-4。

表6-4　学校实习管理评价表

	评价内容	评价标准	权重	自评	师评
知识储备	识别学校实习管理的含义	能归纳学校实习管理的含义	10分		
	识别学校实习管理的内容	能界定学校实习管理包含的内容	10分		
	识别学校实习管理的实施	能列举学校实习管理实施工作	10分		
拓展提升	职业训练	能根据知识储备进行比较分析	10分		
	职业探讨	能运用所学知识进行案例分析	10分		
	总结归纳	能独立完成总结归纳任务	10分		
职业素养	语言表达能力	能把想法和意图清晰明确地表达出来	10分		
	信息获取能力	能从多种渠道获取所需的信息	10分		
	解决问题能力	能提出合理化建议和创新见解	10分		
	团队合作能力	能各尽所能、与其他成员协调合作	10分		
	综合评价		100分		

6.2　接受企业安排

※案例 6.3

小金和小赵是同一所职业学校的学生，实习期间进入同一家公司负责相同岗位的工作。作为一家电子商务公司，在直播业务兴起之际，公司也顺势新增了直播业务。小金和小赵都担任店铺直播的场控工作。场控工作的内容主要包括直播前调试设备、上架宝贝链接，帮助主播回答问题，整理贴片、发送公告，解决突发事件，发送关注卡片等工作。场控工作比较繁杂、琐碎，大部分时间比较忙碌。

小金在学校期间表现就非常优秀，与班主任的配合度非常高。在企业工作期间，小金完全服从部门主管的安排，尽力完成工作任务，并在工作结束后对自己的工作进行归纳总结；同时，他还热心帮助同事，与同事相处友好，有不懂的问题虚心向同事请教。小金的积极主动与热情友好得到了同事们的欢迎和肯定，工作能力也得到了企业的认可，在实习结束后顺利转正。

小赵在校期间比较懒散。进入公司后，场控工作做得中规中矩。由于直播是公司新增的，工作量持续增加，工作强度也较大，小赵开始不断抱怨，不是嫌弃工作量太多、太忙，就是嫌弃工资太少；对于需要帮忙的同事，常以工作太忙为由拒绝。实习期未满，公司就以工作不适合为由辞退了小赵。

讨论：

1. 小金和小赵作为实习生，他们对待工作的相同点和不同点是什么？
2. 试从小金身上总结实习生进入公司后，应该注意哪些事项。

职业储备

从学校到企业实习，学生必然会存在许多不适应的方面，一是缺乏对企业文化的理解和认同，对企业的规章制度、行为准则、操作规则、岗位要求等不了解、不适应，易引发学生的反感和焦躁。二是学生自身缺乏吃苦耐劳的精神，不愿意从事艰苦单调的一线工作，怕苦怕累，拈轻怕重，消极应对。三是学生的沟通能力差，不少学生是家中独生子女，从小以自我为中心，缺乏沟通交流能力，实习中与公司指导师傅和管理人员的关系不协调，这些种种不适应，将影响实习生进入企业后的工作态度和工作表现，以及对上级安排的工作岗位的接受程度。

对企业的适应和融入的过程是刚入职的学生成功实现社会角色转变的重要阶段，直接影响着今后事业的成败。面对陌生的环境，如何实现角色转变和适应新的角色定位是摆在每个职业院校学生面前的难题。学生通过接受企业管理，在企业站稳脚跟，同时快速适应并融入企业，培养团队协作精神，建立良好的人际关系，为今后的发展奠定良好的基础。

一、提高个人执行力

先来看一个小故事：小刘在一家私企做文秘，工作一直非常认真。这天上午，她正忙着做总结。老板走过来说："一会儿开会，记得带着上周我让你整理的资料。"小刘惊讶地说，"我还没整理好呢"。一听这话，老板就急了，质问道："我给你这么多天时间了，你怎么还没有整理好？"小刘觉得很委屈，小声辩解："当时你也没有说着急用呀，我还以为……"这一次，老板真的生气了："是，我是没有说着急用，但一周都过去了，难道我一直不说，你就一直拖着吗？"

是不是觉得这样的场景很熟悉？类似的事件，相信每个人都见过。每次的结果都是管理者觉得自己的命令没有得到及时执行而生气；但员工也感到很委屈，觉得自己明明没有闲着；最后不仅耽误了工作，而且双方都不满意，这其实就是个人执行力出现了问题。

（一）个人执行力的内涵

个人执行力是指每一个个体把上级的命令和想法变成行动，把行为变成结果，从而保质保量完成任务的能力。个人执行力是指一个人获得结果的行动能力。对上级下达的指令和任务欣然接受,毫无怨言,全力以赴贯彻执行,才能保证群体目标的实现。

服从是执行的第一步,所有员工被要求暂时摒弃个人的独立主张,听从领导的决策,并遵照执行,力求第一时间内完成任务。员工只有在学习执行的过程中,才能关注团队的利益和自我价值之间的关系,才能逐渐出培养企业需要的职业素养。

(二)执行的具体要求

1. 个人的自尊心

执行强调的是命令面前没有面子,必须放弃个人强烈的自尊心。面对企业领导,理由要少一些,行动多一些,不能把工作和个人情绪相互混淆。具有职业素养的员工,一旦收到上级布置的工作任务,第一时间就会拿出职业态度,服从安排,采取行动,而不是考虑自己的得失,犹豫之后才执行。

2. 立即采取行动

一旦领导把任务传达给员工,就应该马上按照要求行行动。军队里的军人服从命令已经成了条件反射。对于企业员工而言,执行领导的指令也是刻不容缓。

3. 先执行再沟通

先执行再进行沟通。每个员工都是企业的一颗螺丝钉,负责企业运转的一部分工作,如果在一个环节执行不到位,将可能影响整个企业的运转。领导通常会站在企业发展的角度安排和布置工作,如果对工作一时间无法理解可以暂时搁置,这样一方面,可以在工作中慢慢理解和领悟领导的工作意图;另一方面,在执行过程中,遇到困难可以向领导请求帮助。切忌领导一提出要求,就进行讨价还价拒绝执行或马上推辞,并列出一堆理由说明困难。

二、处理人际关系

(一)人际关系的含义

人际关系是人与人在相互交往过程中形成的心理关系,主要表现为人们心理上的距离远近、个人对别人的心理倾向及相应行为。人际关系包括亲属关系、朋友关系、同学

关系、师生关系、雇佣关系、战友关系等。在企业中，与同事、与领导的关系也是人际关系中的一种。

（二）人际关系的意义

良好的人际关系有利于个体素质的提高以及个体的全面发展。人际关系对人的影响是潜移默化的，俗话说"近朱者赤，近墨者黑"，时间越长，会把建立和维持人际关系的原则，化为自己的价值体系来调节、支配自己的行为，从而获得正确的社会文化规范和社会角色，进而提高个体的素质。

良好的人际关系有利于发展社会生产力，增强群体凝聚力。建立和维持良好的人际关系，才能使社会和组织的生命力增加，提高劳动生产率，促进社会生产力发展。

良好的人际关系有利于促进建设和谐社会，有利于培养一代具有现代化素质的职业新人。

（三）处理人际关系的原则

1．以诚待人，不要过于世故

"诚"是人际交往的根本，自古以来受到人们的崇尚。交往中要做到真诚待人，更容易建立双方之间的安全感和信任感，从而赢得真诚的回报。反之，圆滑世故，尔虞我诈，会让对方感到焦虑和不安，也就无法建立信任，保持良好的人际关系。

2．言而有信，不要轻易允诺

如果答应别人的事情，一定要信守承诺。"季布无二诺，侯嬴重一言"。古人因重诺守信而得到别人的敬仰，这种品德同样适用于现代人。信守诺言、言而有信是建立良好人际关系必不可少的要素。

3．距离适度，不要过于亲近

人际关系是人与人之间心理上的关系，称作心理上的距离，不分亲疏地靠近对方难免引起不快。办公室的工作环境类似"刺猬法则"，大家在一个办公室工作，但又保持自己独立的空间。在这个空间内，人与人之间保持适合的距离，给予彼此舒适的心理距离。

4．虚怀若谷，虚心听取意见

唐太宗虚心接受魏征的纳谏是虚心接受别人建议的典范。人若要进步，就要时常"照镜子"，虚心听取别人的意见和建议，这样才能快速成长。如果发现与对方的意见不一致,也能从中得到启发和学习,也能使对方感受到尊重和满足;如果对方的意见与自己一致,更能增强自己自信心并获得对方的认可。

5．宽以待人,不要苛责别人

金无足赤,人无完人。在工作中,任何人都难免犯错。因此将心比心,善待别人,对同事表示关心、尊重和理解更容易为自己建立良好的人际关系。

三、培养团队精神

(一)团队精神的内涵

随着知识经济的到来,各种知识技术不断推陈出新,竞争日益激烈,市场需求也越来越多样化,企业管理面临前所未有的挑战。在这种情况下,单靠企业高管或个人的能力已很难有效进行处理并立即采取行动,实现企业的经营目标需要成员之间进一步依赖、相互合作,这就是团队。团队不仅强调个人的工作成果,更强调团队的整体工作成果,集体的成果大于个人业绩的总和,即所谓的"1＋1>2"。

作为企业的一名员工,具备应有的职业素质,就必须培养团队精神,与团队成员精诚合作,为共同的目标努力。

(二)团队精神的内容

1．主动参加各种培训

企业经常组织员工参加各种培训,在提高员工的业务水平的同时,加强对员工的教育,取得员工对企业的认同感。作为实习员工,应尽量多参加企业的培训,了解企业的经营理念,熟悉企业的发展目标,培养自己的团队精神。

2．积极参加集体活动

为了培养团队精神,企业通常会组织各种员工活动,如生日聚会、部门聚餐、团建等。即使与同事比较陌生,缺乏社交经验,实习生也应该努力利用这些机会接近并了解同事。

3．全方位沟通交流

沟通可以使人们消除误会,沟通可以使人们达成共识,沟通还可以使团队形成一种

和谐的、积极向上的团队风气。一方面,沟通可以让领导了解你的想法,增进对你的了解;另一方面,沟通可以增进与同事之间的关系,避免出现不必要的误会。

4. 积极热情帮助别人

"木桶定律"讲的是一只木桶装多少水,并不取决于最长的那块木板,而是取决于最短的那块木板。任何企业都可能面临这样的问题,即员工优劣不齐,而其中劣势的部分往往决定了企业的整体水平。对于成为短板的同事,运用自己的能力为其提供帮助,这样能够提高团队的整体水平,同时也提高了自己的水平。相应地,当自己成为短板时,也会有同事来进行帮助,以实现团队整体水平提高的效果。

5. 培养大局观念

进入企业之后,员工就是企业的一员,工作中要考虑整个团队的需要,不能将个人的利益凌驾于团队利益之上,要为整个团队的目标而努力。

职场小贴士

从学校到企业,从学校学生到企业员工,环境和身份的转变必然引起学生各种不适应。实习为学生的转变提供了缓冲期。在这个缓冲期内,学生必须快速地调整自己的心态,适应企业的要求。进入企业,有效的执行力是工作的第一步,是员工职业精神的精髓。员工融入企业,建立适合自己的人际关系,培养团队合作精神,在企业中创造个人的价值。

职业训练

一、案例分析

※案例 6.4

小高是某职业学校的学生,按照学校的计划在企业进行实习。小高在校期间自觉性较差,对于学校的各种管理制度颇有微词。班主任经常与他交流,提醒他遵守学校的各项规章制度,对小高的行为进行监督和教育。

小高在企业实习期间，虽然对于公司的部分管理制度心有不满，但碍于学校老师的要求和公司的惩处机制，基本能遵守公司的各种制度，服从公司的安排，做好自己的本职工作。小高实习的公司是电商企业，工作时间比较灵活，每月的排班并不固定，排班表由组长制定上报人事部门并通知部门员工执行。

有一天，小高未到公司上班，也未向组长请假。组长发现小高未到岗，与他联系后才得知小高未经公司同意，擅自休息了。原来小高认为，每周的休息时间既然不固定，就可以随意选择一天休息，所以未去公司上班也未向组长请假。

组长对小高进行了严肃的批评，然后公司决定开除小高。

讨论：

1. 评价小高的行为，分析他被开除的原因。

2. 结合自己的实习经历，梳理请假手续的办理程序。

3. 罗列实习期间公司管理制度的红线。

二、根据实际情况，了解自己的社交能力

1. 每到一个新的场合，我对那里的人总是（　　）。
   A．能很快记住他们的姓名，并成为朋友
   B．尽管也想记住他们的姓名并成为朋友，但很难做到
   C．喜欢一个人消磨时光，不大想结交朋友，因此不注意他们的姓名

2. 我所以打算结识人交朋友的动机是（　　）。
   A．我认为朋友能使我生活愉快　　　B．朋友喜欢我
   C．能帮助我解决问题。

3. 你和朋友交往时持续的时间多是（　　）。
   A．很久，时有来往　　　B．有长有短
   C．根据情况变化，不断弃旧换新

4. 你对曾在精神上、物质上诸多方面帮助过你的朋友总是（　　）。

A．感激在心，永世不忘，并时常向朋友提及此事

B．认为朋友间互相帮助是应该的，不必客气

C．事过境迁，抛在脑后

5．在生活中发生困难或发生不幸的时候（　　）。

A．了解我情况的朋友，几乎都曾安慰帮助我

B．只是那些很知己的朋友来安慰、帮助我

C．几乎没有朋友登门

6．你和那些气质、性格、生活方式不同的人相处的时候总是（　　）。

A．适应比较慢　　　　　　　　B．几乎很难或不能适应

C．能很快适应

7．对那些异性朋友、同事，我（　　）。

A．只有在十分必要的情况下才会接近他们

B．几乎和他们没有交往　　　　C．能接近他们并正常交往

8．你对朋友、同事们的劝告、批评总是（　　）。

A．能接受一部分　　　　　　　B．难以接受

C．很乐意接受

9．在对待朋友的生活、工作诸多方面我喜欢（　　）。

A．只赞扬他的优点　　　　　　B．只批评他的缺点

C．因为是朋友所以既要赞扬他的优点，也要指出他的不足或批评他的缺点

10．在我情绪不好、工作很忙的时候，朋友请求我帮他，我（　　）。

A．找个借口推辞　　　　　　　B．表现不耐烦断然拒绝

C．表示有兴趣，尽力而为

11．我在穿针引线编制自己的人际网络时，只希望把这些人编入（　　）。

A．上司、有权势者　　　　　　B．只要诚实，心地善良

C．与自己社会地位相同或社会地位低于自己的人

12．当我生活、工作遇到困难的时候，我（　　）。

A．向来不求助于人，即使无能为力也是如此

B．很少求助于人，只有实在无能为力时，才请朋友帮助

C．任何事都喜欢向朋友求助

13. 你结交朋友的途径通常是（　　）。

A．通过朋友介绍　　　　　　　　B．在各种场合接触中

C．只是经过较长时间相处了解而结交

14. 如果你的朋友做了一件让你不愉快的事，你（　　）。

A．以牙还牙　　　　　　　　　　B．宽容、原谅

C．敬而远之

15. 你对朋友们的隐私总是（　　）。

A．很感兴趣，热心打探

B．朋友愿意倾诉就听一听，但不告诉其他人

C．没有兴趣

根据以上选项，按照以下对应分值计算总分，并将其填入表 6-5 中。

表 6-5　社交能力评分表

题号	选项	得分	参照得分	题号	选项	得分	参照得分
1			A=1 分、B=3 分、C=5 分	9			A=3 分、B=5 分、C=1 分
2			A=1 分、B=3 分、C=5 分	10			A=3 分、B=5 分、C=1 分
3			A=1 分、B=3 分、C=5 分	11			A=5 分、B=1 分、C=3 分
4			A=1 分、B=3 分、C=5 分	12			A=5 分、B=1 分、C=3 分
5			A=1 分、B=3 分、C=5 分	13			A=5 分、B=1 分、C=3 分
6			A=5 分、B=3 分、C=1 分	14			A=5 分、B=1 分、C=3 分
7			A=5 分、B=3 分、C=1 分	15			A=5 分、B=1 分、C=3 分
8			A=5 分、B=3 分、C=1 分				
总计得分							

总分 15～29 分：

你是一个善于社交的人，你喜欢交往，能从社交中获得快乐和收获，你能与不同的人愉快相处，能较快地适应环境。

总分 30～57 分：

你的社交能力还有待于进一步提高，你对人际交往比较拘谨。如果你更大胆些，更多地注意培养自己的社交能力，那么你将会从社交活动中获得更大的快乐和成功。

总分 58～75 分：

你的社交能力存在很大的问题，你不太善于交往也不喜欢交往，社交对你来说是件

痛苦的事，你在社交场合，习惯于退却、逃避，你对自己的社交能力没有信心，你还没学会如何与别人尤其是陌生人打交道。建议你要走出自我封闭的圈子，尝试与别人交往，不怕失败和尴尬，你会发现与人交往会带给你许多乐趣和益处。

三、小组活动

1．准备

材料准备：报纸、封箱胶、剪刀；长直尺，秒表，口哨。

人员准备：将全体同学分组，每组3～5人，并选出组长1名。

2．活动规则

（1）每组各分5张报纸、一卷透明封箱胶，一把剪刀。

（2）每组在10分钟内，利用报纸和封箱胶，尽可能建造自由耸立的高楼。

（3）活动结束时，所有人员必须离开高楼，使高楼独立耸立，不要有任何支撑。

（4）比赛队伍可以先商议好，再动手，比赛过程中，纸张可任意剪裁。

（5）对活动剩余时间（8分钟、5分钟、3分钟、1分钟）进行报时。

（6）评比：按所建楼的高度评出名次，所有小组的情况现场公布。

3．活动时长

单场时间为20分钟，其中5分钟派发材料及宣读比赛规则，10分钟计时比赛，5分钟评比结果并对游戏做出总结。

4．感想和收获

小组代表讲述活动构思，分工合作以及活动收获。

职业探讨

组织学生观看电影《冲出亚马逊》。

1．认真观看，评价中国军人的执行力。

2．比较企业员工与中国军人的执行力。

3．从电影中人物、事件，结合自己的经历，在课堂上和同学们分享执行力的作用和意义。

职业分享

请选择一家你接触、兼职或实习的企业，举例说明服从公司管理的重要性。

例如，我曾在一家电子商务企业担任电话客服工作，有一次发生了一件事情……

在企业前期的培训过程中，企业再三强调，电话接待的礼仪，包括……，然而有一位同学在电话接待中却……，结果公司需要向平台支付罚款，他也因此被开除了。

从这件事情中，我认识到，服从公司管理，按照公司流程工作的重要性……

职业提升

认真阅读某公司内部竞聘文件，通过网上搜集的材料或身边同学的亲身经历，分析实习生在企业转正需要的条件。

某房地产公司内部竞聘销售主管，公布的竞聘条件如下。

（1）所有在职的置业顾问，转正后工作满3个月的均可报名。

（2）前半年内销售业绩平均数排列公司前7名。

（3）思想政治素质高，有较强的组织观念和大局意识，事业心和责任心强。

（4）工作勤奋积极，实绩比较明显，在员工中有较高的认可度。

（5）有一定的组织领导和协调管理能力。

（6）工作作风踏实，为人公道正派。

（7）身体健康，无重大疾病。

职业感悟

感悟1:

感悟2:

主题评价

根据主题内容,学生完成自我小结并进行自评打分。教师根据学生活动情况进行点评并完成教师打分。最后按自评分×40%+教师评分×60%计算得分,见表6-6。

表6-6 团队精神评价表

评价内容		评价标准	权重	自评	师评
知识储备	识别执行力	能列举执行力的具体要求	10分		
	识别人际关系	能归纳处理人际关系的原则	10分		
	识别团队精神	能总结培养团队精神的内容	10分		
拓展提升	职业训练	能根据知识储备了解自己的能力	10分		
	职业探讨	能运用所学知识进行案例分析	10分		
	总结归纳	能独立完成总结归纳任务	10分		
职业素养	语言表达能力	能把想法和意图清晰明确地表达出来	10分		
	信息获取能力	能从多种渠道获取所需的信息	10分		
	解决问题能力	能提出合理化建议和创新见解	10分		
	团队合作能力	能各尽所能、与其他成员协调合作	10分		
综合评价			100分		

实习分享　主题七

　　实习生活是什么样子的？是否会遇到意想不到的挫折或惊喜？如何才能在实习工作中有所悟、有所得？对于大多数职业院校学生来说，学校和企业是完全不同的环境，在学校里会以老师的意见为主，会考虑到学生的综合发展；企业实习可能会以实际的工作结果作为主要考核的要素，实习生可能会遇到许多问题，遇到问题应该如何表达？应该找谁倾诉？应该怎么倾诉？实习生应如何在实习中能收获更多，迈上新的职业台阶呢？

7.1 实习困惑

※案例 7.1

小王的实习困惑

小王目前就读于一所中职院校，所学专业为电子商务。在经过校理论课学习后，他终于迎来了顶岗实习的机会——从事客服工作。初次进入实习企业，小王感到特别的兴奋，每天都是第一个到企业，认真工作、认真学习，与同事、组长关系融洽，作为新人表现非常不错。

但是经过一段时间的培训、工作以后，小王开始出现了一些问题。每天面对客户提出的各种要求，觉得难以应对，于是开始消极怠工。组长发现他的变化后，约他谈话并对他提出了批评，小王觉得非常委屈。

小李听了他的遭遇以后，开始愤愤不平，建议他直接离职，找一个更能有学习氛围和成长空间的企业；小王觉得贸然离职不对，就找到老师倾诉，老师听了他的遭遇以后，对他提出了三个问题：一是目前的工作是不是已经做到了最好，还有哪些提升的空间？二是自己是否足够了解这家企业，在企业中有哪些晋升机会？三是工作中目前遇到的问题自己能不能解决，可以在谁的帮助下解决？小王若有所思，希望再干一段时间看看。

带着工作中存在的疑问，小王重新梳理了培训中的知识，发现有很多案例可以参考，关于存在疑问的地方，他一一进行了记录，并利用休息时间虚心向组长请教，原来很多非常令他苦恼的问题，在组长的点拨之下都迎刃而解了。

讨论：

1. 实习中遇到的困难与挫折应该找谁倾诉？
2. 实习中遇到各种各样的问题，应该如何准确合理地描述？

一、实习的困惑与迷茫

（一）实习困惑

在实习过程中，我们可能会遇到各种各样的问题，急于找一个倾诉的对象来表达自己的感受。那么，我们应该如何相对准确的描述自己的遇到的问题与困惑呢？到底找谁来帮助自己客观而且合理地分析问题呢？

（二）实习困惑中的分类

1. 实习岗位定位模糊

实习岗位是实习生通过对行业充分了解、根据自己的能力和兴趣确定的自己将要从事的岗位方向，是自我定位和社会定位两者的统一。刚进入到实习岗位的实习生容易出现职业定位模糊的问题。

（1）选择专业与自身兴趣、爱好不吻合。

（2）盲目寻找实习岗位，没有考虑自身的优劣势。

（3）对目前实习岗位状态不满意，但又不知所措。

（4）面临多种选择，犹豫不决。

2. 实习倦怠

实习倦怠是实习生在紧张和繁忙的工作之中由于受环境、情感等内外因素影响而出现的一种的身心不适、心理衰竭、情感封闭的亚健康状态。职业倦怠的症状有：对工作前景茫然，缺乏工作热情和动力；易疲劳、厌倦、焦急、烦躁；情绪低落，精神不振，心理疲乏。

3. 实习"过劳"

从学校到实习岗位中，一定会发生工作强度的变化，可能经常会面临加班的情况。实习岗位的适应是分阶段性的，从日常工作的适应，到管理能力的适应，再到额外工作的适应，对工作胜任能力、职业管理能力、主动学习能力都提出了很高的要求。当然，伴随实习工作也可能产生疲劳、压力、情绪低落、心情烦躁、失眠等情况。

4．实习中的人际关系

进入企业后，会面临分工合作、职位升迁等利益分配问题，使得原本简单的同事关系、上下级关系变得复杂起来。在职场打拼的人，很关键的一条就是人际关系处理能力，这种能力往往决定一个人的工作成就。但有许多职场人往往处理不好工作中的人际关系，因此影响了个人事业的开展。

5．实习工作缺乏安全感

实习安全感是指一个人在职业中获得的信心、安全和自由的感觉。刚进入实习岗位，可能会面临实习压力、经济压力、社会压力等各方面的问题。一般情况下，缺乏安全感的人大致有以下几种原因：自身努力得不到用人单位认可而缺乏安全感；专业能力和技能达不到职位要求而缺乏安全感；岗位流动性大，竞争激烈而缺乏安全感；面临被淘汰，可能失去工作而缺乏安全感；在劳动过程中得不到应有的保障而缺乏安全感。

二、实习中的沟通对象

根据实习中遇到的具体问题，选择合适的沟通对象，往往对解决实习困惑起到事半功倍的作用。准确、高效、完整地解决实习中遇到的困惑，才能对整个实习期带来积极的影响。

（一）沟通对象的定义

沟通对象又称沟通客体，即信息的接收和反馈的对象，包括个体沟通对象和团体沟通对象，团体的沟通对象还有正式群体和非正式群体的区分。沟通对象是沟通过程的出发点和落脚点，因而在沟通过程中具有积极的能动作用和反馈作用。

（二）沟通对象的四种类型特征

沟通对象通常分为四种类型，分别是驾驭型（Driver）、表现型（Expressive）、平易型（Amiable）和分析型（Analytical）。

1．驾驭型

具有这种交流风格的人比较注重实效，具有非常明确的目标与个人愿望，常常会根据情境的变化而改变自己的决定。要求沟通对象具有一定的专业水准和深度，在与人沟通中，他们精力旺盛，节奏快说话直截了当，但是有时过于直率而显得咄咄逼人，如果一味关注自我观点，可能会忽略他人的感受。

2. 表现型

具有这种沟通风格的人显得外向、热情、容易表现自己，喜欢在交流的过程中扮演主角；喜好与人打交道并愿意与人合作；具有丰富的想象力，对未来充满憧憬与幻想，也会将自己的热情感染给别人。他们富有乐趣，面部表情丰富，动作多，善用肢体语言传情达意，但是往往情绪波动大，容易陷入单方向的情感表达。

3. 平易型

这种类型的人具有协作精神，可以站在别人的角度进行倾听，对人真诚。这种类型的人做事比较有耐心，能够较为完整地听完事件的整个过程，能够顺应事件的发展提出一定的意见和建议。肢体语言克制，面部表情单纯，但往往扮演和事佬的角色，对于涉及矛盾冲突中的敏感问题，往往会采取回避态度。

4. 分析型

具有这种沟通风格的人擅长推理，一丝不苟，做事按部就班，严谨且循序渐进，对数据与专业的要求特别高；有较强的时间观念，因此他们往往在交流过程中直击问题的根本，但不一定考虑到沟通者的真实感受。在沟通的过程中，他们善于看到事件的本质，可以有条理地进行剖析、归纳、总结，但呈现的结果往往令人难以接受。

例如，公司主管要求小王加快自己的打字速度，提高业务熟悉程度，在一个星期之内，将每天回复用户的平均响应时间从原来的 200 秒降低到 100 秒，这对小王来说根本不可能做到。因此，他的态度非常激动，并和主管大吵一架。

针对以上案例，我们可以采用 5W2H 法对问题进行描述，较为准确的描述了小王遇到的实习困惑，可以看出他不仅存在打字速度及业务熟悉程度的专业问题，也存在和主管沟通交流的情绪管理问题。

所以，掌握使用 5W2H 法对问题进行描述，将会提高问题描述的准确程度，提高沟通效率和效果。

三、实习困惑沟通的方式与方法

（一）沟通方式

1．面对面沟通

面对面沟通能观察到对方实时的表情和神态，能捕捉到对方回应表达的感情，遇到情绪波动较大的实习困惑，有强烈情感诉求时，可采用面对面沟通的形式。面对面沟通能在第一时间毫无保留地将内心的感受说出来，不受文字限制，更容易与对方建立情感的共鸣。如果需要在专业或具体岗位中的指导，面对面沟通过程需要准备笔记本，对沟通的要点要素进行记录。

2．语音沟通

在实习过程中，可能有碍于时间或空间的限制，无法做到面对面沟通，更多的时候会采用语音电话的形式。在沟通的过程中需要注意：明确沟通的内容及主次；沟通要具有逻辑性；尽量在明确时间段内完成沟通。

3．文字沟通

文字沟通是最为常见的一种沟通形式，但能否起到较好的效果，解决实习中的困惑，取决于技巧是否掌握到位。

文字沟通过程中有以下注意点：信息完整透明，表达合理公正，尽量使用准确、完整的句子，避免使用反问句；沟通有框架，有顺序，同时将细节描述和意指宏观概括相结合；注意沟通的文字篇幅，一般一次性不超过200字，最好能做到图文结合。

（二）沟通方法

1．认同沟通法

在沟通中，首先要认同对方的观点，让对方尽可能多地感觉到我们与他的想法是一致的，然后再表达自己的观点。

例如，当对自己的工作绩效发生困惑，在企业与组长、主管的沟通中可以这么表达："主管，您对我上个月绩效表现不好，应该如何改善的建议我十分认同，但能不能说得再仔细一点，可以让我更准确地执行。"

2. 类比沟通法

这种方法非常生动形象，并且容易被对方接受。可以让对方迅速明确自己想要表达什么，并能穿插一定的情感沟通。

例如，在企业中发生职业倦怠时，对学校老师可以这样表达："老师，就像在学校下午上课容易犯困一样，在企业里，我下午的工作效率也特别低，还被领导批评了，我应该怎么办？"

3. 发问沟通法

通过发问的形式先入为主地进行沟通。获得地产销售吉尼斯纪录的汤姆·霍普金斯曾说过："你说的话，客户会半信半疑；客户自己说的话，则是真理"。沟通中一定要掌握主动权，学会提问，尤其是面对行业或者领域中较有经验的时候更是如此。

例如，在企业中遇到人际关系问题，对老师可以这样表达："老师，我现在已经是一个代理组长，但我们组有一个员工下班到点就走，也不管任务是否完成，我应该怎样合理规劝他呢？"

4. 数据呈现法

将想要表达的内容通过数据来进行呈现。在沟通的过程中，数据往往能更为准确地表达其中含义，通过数据的对比和分析，往往可以起到简单高效的沟通效果。

例如，在做工作汇报时，可以对组长这样表达："组长，我这个月的平均响应时间为30秒，比上个月的60秒缩短了50%。"

5. 情感沟通法

通过情感的倾诉与表达来拉近距离，能起到更好的沟通效果。在沟通过程中，晓之以理，动之以情，会产生事半功倍的效果。

例如，对企业表达个人和团队关系的时候，多用到"我们公司""我们团队"等这样主人式的描述和表达。

职场小贴士

情绪管理是指通过研究个体和群体对自身情绪和他人情绪的认识、协调、引导、互动和控制，充分挖掘和培植个体和群体的情绪智商、培养驾驭情绪的能力，从而确保个体和群体保持良好的情绪状态，并由此产生良好的管理效果。

情绪无好坏，一般分为积极情绪和消极情绪。由情绪引发的行为及行为的后果有好坏之分，情绪不可能被完全消灭，但可以进行有效疏导、管理和适度控制。

职业训练

一、实习困惑

最难的：

最怕的：

最不想面对的：

二、交流对象

在案例 7.1 中，小王遇到困惑先找同学再找老师。如果是你，你会去找谁？请说明原因。

同学：_____。

老师：_____。

家长：_____。

组长：_____。

三、方式选择

针对实习期间工作太累不能坚持的情况，选择沟通方法并说明原因，并将其填入表 7-1 中。

表 7-1　实习期间工作太累不能坚持时的沟通方法及原因

序号	沟通方法	原因
1		
2		
3		
4		
5		

主题七 实习分享

职业探讨

小王今年刚进入实习阶段，由于在校期间表现良好，专业课成绩名列前茅，因此实习之前充满信心。但是到企业之后，培训内容增多，考核频繁，经常加班，适应时间短，工作强度高，他感到非常不适应，觉得太辛苦，于是找同学抱怨，同学劝导他好好珍惜这个机会，坚持下去。

平时懂事听话的他，不敢和老师诉苦，也不敢和企业说明情况，选择一个人默默承受。一段时间以后，他工作效率低下，工作状态明显下滑。组长找他谈话，他感到非常困惑。如果是你小王，你会如何描述自己遇到的实习困惑，又会找谁倾诉自己的困惑呢？

结合以上案例，请用 5W2H 法对小王遇到的问题进行描述。

职业提升

结合课程内容，罗列实习时可能遇到的困惑。
选择自己解决：_____。
有实习困惑的：_____。
选择企业帮助：_____。

> **职业感悟**
>
> 感悟 1：
>
>
> 感悟 2：

7.2 实习展示

职业储备

※案例 7.2

小明的实习分享

小明就读于一所中职院校，所学专业为电子商务。虽然入学成绩不好，但他动手能力强，是班里的计算机课的课代表，对 Word、Excel、PPT 的操作非常熟悉，曾多次参与了班级海报的制作，还在系部海报评比中获过奖。

后来进入企业实习，很多同学对企业快节奏、高强度的工作不适应，觉得太辛苦，但小明觉得这是工作的一部分，并迅速调整了自己的状态。在实习期间，他不仅向成绩好的同学请教快速记忆的方法，还将纸质笔记转化为电子稿，方便自己随时复习巩固；还应组长的要求，将具体操作的步骤，制作成了小视频，分享给同学，提高了团队学生的积极性。经过不断努力，小明最终获得了企业的认可，荣获优秀实习生的称号。

实习结束以后，小明把实习经历做成四十多页 PPT，把自己的经验所得分享给学弟学妹，但由于太紧张，演讲严重超时，和预想中精彩的实习展示相差甚远。

讨论：
1. 小明准备了四十多页 PPT 是否合适，为什么？
2. 小明上台紧张的原因是什么，如何克服？

一、展示主题

实习中会有自己的成长与收获，工作一段时间以后可以尝试进行阶段总结，有一定的工作经验和能力后可以尝试参与岗位竞聘；如果参与过整个项目，能从全局考虑问题，可以尝试进行项目策划。

（一）阶段总结

1. 阶段工作的基本情况

阶段总结是实习过程的必经阶段，在工作一段时间后就可以对自己的工作内容和工作情况进行总结。按时间划分，可以分为日报、周报、月报、季报、半年报、年报，也可以根据项目的完成情况来进行阶段性总结。总结必须含有整体概述和工作简述，从整体工作情况到细节内容进行介绍。

2. 取得成绩与存在问题

总结的目的是肯定成绩，找出问题，这是总结展示的核心。成绩有哪些，有多大，表现在哪些方面，是怎样取得的；问题有多少，表现在哪些方面，是什么性质的，怎样产生的，在下个阶段应该如何解决，等等，都是总结展示的内容。

3．经验获得与能力提升

在参与实习过程中，一定要学会总结经验，并且把经验落实到之后的工作中。为便于今后的工作，必须对以往工作的经验和教训进行分析、研究、概括、集中，并上升到理论的高度来认识，并在同类的问题中形成解决问题的具体方法。

4．阶段计划与发展方向

阶段总结的最后一个环节中，要根据今后的工作任务和要求，明确努力方向，较为完整、全面地制定好下个阶段的计划和发展方向。

（二）写好阶段总结的注意事项

阶段总结前要充分整理材料。材料是对日常工作的提炼，而不是简单宽泛的描述，对总结方向的把握和深度的提高起到了决定性作用。对于成绩不夸大，对于错误不回避，更不能弄虚作假。材料有本质的、有现象的，有重要的、有次要的，总结时要去芜存精，而且，总结的结构要清晰、明确，有主次、详略之分。

总之，写好阶段总结要条理清楚、详略适宜，要注意材料的充分性和内容的真实性。

（三）岗位竞聘

岗位竞聘是人才选拔的一种方式，企业通过岗位竞聘优化人岗配置，增强员工竞争意识，提高竞争力，实现自我成长。

1．自我介绍

自我介绍是岗位竞聘中的第一个环节，关系到你给别人的第一印象，是与面试官建立联系、打开局面的一种重要手段。

例如："各位领导、同事，大家上午好，非常感谢各位给了我这次竞选的机会，我是××部门的×××，主要负责该部门的订单跟单等工作，今天我本着锻炼自己，提升为公司及客户服务效率的宗旨站到这里，竞聘客服组长一职。"

2．工作成绩

工作成绩简述是对过去自己工作的总结，是工作能力的一种展现，客观、合理、有特点的描述可以给人留下深刻的印象。

例如，在进入公司的这段时间里，我了解了公司的各项管理制度，熟悉了工作流程以及各种软件的使用。在客服专员这个岗位上，我知道了客服专员的职责，明白了客服专员该有的素质与工作要求。入职三天提前完成培训并可以进行独立操作，入职一周能独立处理售前环节的各个问题，入职一个月能独立处理售后环节的各个问题，入职三个月实习期满被评为优秀实习生。

3．个人优势

个人优势是指个人在专业领域中的特长，是岗位竞聘中的核心。在岗位竞聘中需要结合实际工作岗位，从工作态度、专业能力等方面来突出自己的个人优势。

例如①态度积极，快乐工作。积极的态度是快乐工作和生活的重要因素之一，我认为客服工作本身就是解决问题，在工作中需要把自己积极态度传递给身边的同事，提升团队的工作状态。②爱岗敬业，认真负责。××公司是我踏入社会的第一个单位，所以我很珍惜，在平时工作中绝对服从领导安排，不挑肥拣瘦，认真负责的对待每一项工作，锻炼、提升自己。③勤学肯干，业务专精。学历代表过去，能力代表现在。入职后，我不断通过学习别人的优点来促进自己的成长，尤其在面对系统升级、个人转岗等情况时，能够积极面对，迅速调整状态，很快适应新的岗位。

4．任职目标及工作计划

任职目标及工作计划，是指通过对团队未来中长期的规划来达到特定的目标，可以从管理能力和业务梳理来进行展开，然后进行相应的归纳和总结。

例如①从自我管理到团队管理。要成为一个团队的管理者，自身在各方面一定成为团队的标杆，以优良的工作作风影响团队；②从业务梳理到长期规划。客服岗位是一个基础类的岗位，但也是我们接触、改变客户想法的重要途径，在未来的工作中，我将带领团队提升整体的回复效率，做好客户管理，提高订单转化率，为公司创造更多的利益。

（四）项目策划

1．项目策划

项目策划是一种具有建设性、逻辑性的思维过程，目的是把所有可能影响决策的因素总结起来，对未来起到指导和控制作用，最终实现方案目标。

2．项目策划的主要内容

项目策划阶段的主要内容包括确定项目目标和范围；估算项目规模、成本、时

间、资源；建立项目组织结构；项目工作结构分解；识别项目风险；制定项目综合计划等。项目策划一般是在明确需求后，对项目进行全面策划，输出的是"项目综合计划"。

实习生进入项目策划阶段后，需要了解活动的各项环节，做好具体工作，然后在项目总结中清晰、完整地呈现自己负责的那部分活动。同时尝试以全局眼光去看待整体项目，与团队共同完成项目的策划与执行。

二、展示内容

展示内容由展示标题与具体内容组成，一个好的标题可以吸引观众，抓住观众的内心需求，起到画龙点睛的作用，而优秀的展示内容可以让听众有所思、有所悟、有所得，让分享者与观众共同提升、进步。

（一）标题撰写

1. 悬念＋利益引诱法

善用疑问拟标题设置一个悬念，引起观众的注意，从而获得好的开场效果。

例如《最近我在读一本书，解决了五个职场问题》《真正会用人的领导，会这样对你》。

2. 目标指向性法

目标指向性是指在标题中直接向观众喊话，与观众一起解决问题，并尝试走进他的心坎里。

例如《敬那些正在默默加班的人》《要考电子商务师的小伙伴看过来了》。

3. 数据引用法

在拟定的标题中加入具象化的数据可以给人更直观、更量化的感受，用强有力的数据替代华美的辞藻，让观众放下心中疑虑。

例如，《99%的人都猜错了这条职场规则》《三个月成为组长，我总结出这五条工作经验》。

4. 反差制造法

用对比法拟定标题，让观众清晰地看到正反、好坏，制造一种显著的反差效果，简单明了又能切中要害。

例如《月薪3 000元与月薪10 000元的工作能力区别》《受青睐的简历和让人没耐心看下去的简历》。

（二）内容构建

1．分析观众，明确目的

在实习展示之前，需要分析观众群体，是同学？是老师？还是组长、主管？他们需要什么，关心什么？接下来思考我们展示的目的，想要实现什么目标，达到什么样的效果。如同学喜欢看到经验分享，老师喜欢看到能力提升，组长喜欢看到业绩展现，根据这些准备展示素材，有针对性地选择展示的内容，确保内容符合观众兴趣点。

2．发散思维，搭建框架

根据实习展示的具体要求，在确定了展示的对象和主题以后，发散思维，把所能想到的关键词都写下来。如学校和企业的差别、时间管理、学习方法、工作态度、能力提升、重复训练等关键词。接着开始梳理思路，按照这些关键词的重要性整理筛选，分类排列，留下展示要点，但最好不要超过5个。

3．设计开头，引人入胜

展示的开头和结尾部分非常重要，开头部分决定着观众会不会认真听下去，结尾部分决定着听众对展示的整体感觉。设计好开头的30秒，开场白简洁精炼，可以是互动提问开场，可以娓娓道来故事开场，可以设计悬念开场等等，目的就是吸引观众的注意力，听你断续说下去。

4．准备故事，精彩展示

展示中的实习经历最好是大部分听众会遇到的，容易引起共鸣，能够触动听众内心情感的职场实习故事。展示当中要有几句读起来朗朗上口，让观众记忆深刻的经典短句。加入一些有趣的内容，可以分别布局在展示的开头、结尾，以及中间的部分。最重要的是你的实习展示要让观众有所收获、有所思考，在听众感动、欢笑过后，留下一些让他们有所收获的东西，或者引发思考的内容。

5．重构结尾，画龙点睛

结尾的部分用以总结和提炼展示主题，可以安排一两句金句和一个触动听众内心情感的故事，抑或者是一段层层推进的排比，把展示情感推向高潮。

三、展示形式

（一）数据的展示

1．数据的准备和整合

（1）数据主体。在数据表中，经常遇到两者对比、三者对比。两者对比，可以直接进行数字展示，有表格对比、标志物对比、柱状图对比、雷达图对比等；三者及以上的对比，可以用图表结合图形的交互进行展示对比。

（2）数据内容。数据内容需要根据具体要求进行整合，要求简洁明了，突出重点。如小明和小梅参加的英语考试，先分两大类，有六项测试如图7-1所示。

	笔试			口试		
	单词	语法	作文	对话	口译	演讲
小明	25	43	39	22	16	25
小梅	18	31	30	5	42	27

图 7-1　数据展示示例

这些内容构成了对比字段，为此需要思考：①这些字段是否需要筛选？②这些字段是否需要整合？最终目的为此，我们要对比小明和小梅这次英语考试总分、笔试和口试情况，对字段进行整合，对数据进行求和，将细节数据进行隐藏，最终呈现结果，如图7-2所示。

	总分	笔试	口试
小明	170	107	63
小梅	153	79	74

图 7-2　数据整理示例

2．数据展示

（1）横向展示法。使用关键词＋数据条（标识）进行对比，横向铺开数据，即对区域单元格添加条件格式，将数字展示为数据条，左侧数据条由右向左展示，右侧数据条由左向右展示，如图7-3所示。

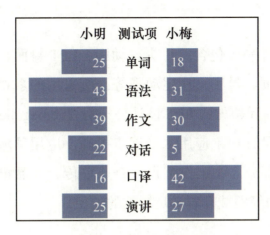

图 7-3 横向展示示例

（2）雷达图展示法。雷达图对比比较适合 2～4 个主体的对比，即选择数据，添加雷达图，如图 7-4 所示。

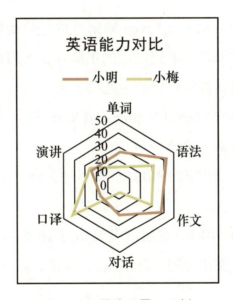

图 7-4 雷达图展示示例

（二）演示文稿展示

1. PPT 介绍

PPT 是微软公司的演示文稿软件。用户可以在投影仪或者计算机上进行演示，也可以将演示文稿打印出来，以便将其应用到更广泛的领域中。

利用 PPT，不仅可以创建演示文稿，还可以在互联网上召开面对面远程会议或在网上给观众展示演示文稿。PPT 演示文稿其格式后缀名为：ppt、.pptx；或者也可以保存

为 pdf、图片格式等。

一套完整的 PPT 文件一般包含：片头、动画、PPT 封面、前言、目录、过渡页、图表页、图片页、文字页、封底、片尾动画等；所采用的素材有文字、图片、图表、动画、声音、影片等；国际领先的 PPT 设计公司有 Themegallery、Poweredtemplates、Presentationload 等；中国的 PPT 应用水平逐步提高，应用领域也越来越广，正成为人们工作生活的重要组成部分，在工作汇报、企业宣传、产品推介、婚礼庆典、项目竞标、管理咨询、教育培训等领域有着举足轻重的地位。

2．PPT 设计的原则

（1）"四个一"原则。"四个一"原则代表了一个目标、一个中心、一致性、一分钟，即在一份 PPT 中围绕一个中心进行展开，通过一致性的描述达到一个目标，一页 PPT 控制在 1 分钟左右。

（2）Magic Seven 原则。Magic Seven 原则是指每份幻灯片传达 5 个概念（主题）效果最好，根据展示的具体要求，确定展示的主体。在实习展示分享中，可以拟定自我介绍、岗位认知、胜任能力、规划目标等主题。

（3）KISS 原则。KISS（Keep It Simple and Stupid），意为保持简单、简洁和有序的风格，整体和单页保持风格上的统一。

（4）"三个3"原则。一页 PPT 中最好不要超过 3 种字体、3 种色系、3 种动画效果，包括幻灯片切换。

（5）10/20/30 原则。展示同一主题，不要超过 10 个屏幕；标题或关键字用 20 磅以上的字号标注；辅助性的文字说明最好不超过 30 字。

（三）语言表达

优秀的实习展示必须提高自己的演讲和表达能力。如何生动地、富有激情地将自己工作的内容和经验展现给聆听者，不仅是一门学问，也是一门艺术。提升语言表达能力一般通过语言逻辑训练、修辞手法优化、语言表达训练三种方式。

1．语言逻辑训练

训练语言表达逻辑有两个较为常用的工具：PEEP、ORID。

（1）PEEP：总述、故事、寓意、总结，通常用于主题演讲。进行 1 分钟练习的时间分配为：10 秒，20 秒，20 秒，10 秒

（2）ORID：事实、感受、思考、行动，通常用于即兴演讲。1分钟练习的时间分配为：20秒，10秒，20秒，10秒。

学会讲故事、描述案例是PEEP和ORID的重要组成部分，也是语言表达能力的基本功之一。

2．修辞手法优化

修辞，就是利用多种语言手段，对内容进行修饰，以达成更好的表达效果的一种语言活动。常见修辞方法有：比拟、比喻、排比、夸张、借代、对偶、设问、反问、反复、衬托、用典、化用、互文等。

ORID描述的过程中，可以加入对事实的细节化描述，描述对事物的感受等。

（1）初级：有一份客服的工作。

（2）中级：2019年"双十一"，有一份"双十一"兼职客服的工作，但要求很高，很多人都觉得累。

（3）高级：2019年10月，我接到了一份"双十一"兼职客服的工作，要求每分钟打字100个以上，工作期间需要上晚班，每天工作时长达10小时以上，有绩效奖励。

这三段的区别是增加了逐渐事件的细节、过程等描述，听起来更加明确、具体。

3．语言表达训练

所有的艺术都源于技术，技术都源于练习正所谓，正确的方法＋反复练习＝成功。语言表达能力的练习一般有四种方法。

（1）讲故事。对同事、同学、朋友讲一段近期发生的热点新闻、事件、电影，直到对方能体会到事件的含意为止，这练习的是基本能力，时间限制在3分钟以内。还可以通过故事接龙、谁是卧底等活动来练习。

（2）说细节。包括观察一个房间、一个静物、一个朋友，然后试用200字来描述，600字来描述，1 000字来描述同一个东西，逐步提升修辞的扩展能力。

（3）说感受。看一部电影、一场美术展，通过直观的感受来进行描述，然后试着用1分钟、3分钟、5分钟配合适当的肢体动作，逐步提升感受的表现力。

（4）说思考。可以描述一个事件或一件作品，自己给予的相关评价，与其他作品进行比较；可以试着与人讨论，看看别人是如何思考与表达的。本书推荐三个综艺节目可以供大家观摩练习：《朗读者》《声临其境》《TED演讲》。

职场小贴士

在 PPT 制作中，有很多常用的快捷键，我们可以用来提高操作速度和制作效率。

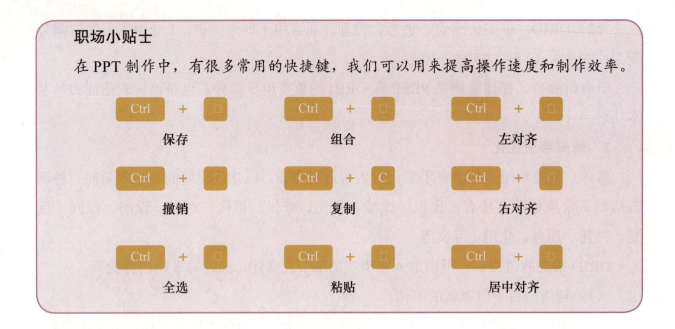

职业训练

一、阶段总结

根据自己近期在企业的一次实习经历展开阶段总结，并将其填入表 7-2。

表 7-2　企业实习阶段总结

＿＿＿＿＿＿企业实习阶段总结　　　　　　　　　　　　　＿＿＿＿年＿＿＿月＿＿＿日
1.＿＿＿＿＿＿＿＿＿＿＿＿＿＿＿＿＿＿＿＿＿＿＿＿＿＿＿＿＿＿＿＿＿＿＿＿＿。
2.＿＿＿＿＿＿＿＿＿＿＿＿＿＿＿＿＿＿＿＿＿＿＿＿＿＿＿＿＿＿＿＿＿＿＿＿＿。
3.＿＿＿＿＿＿＿＿＿＿＿＿＿＿＿＿＿＿＿＿＿＿＿＿＿＿＿＿＿＿＿＿＿＿＿＿＿。
4.＿＿＿＿＿＿＿＿＿＿＿＿＿＿＿＿＿＿＿＿＿＿＿＿＿＿＿＿＿＿＿＿＿＿＿＿＿。

二、岗位竞聘

你所在部门准备晋升一名经理助理，部门内的员工都可以竞聘。请为自己拟定一个岗位竞聘的文本，见表 7-3。

表 7-3　岗位竞聘文本

＿＿＿＿岗位竞聘　　　　　　　　　　　　姓名：＿＿＿＿
1. ＿＿＿＿＿＿＿＿＿＿＿＿＿＿＿＿＿＿＿＿＿＿＿＿＿＿＿。 2. ＿＿＿＿＿＿＿＿＿＿＿＿＿＿＿＿＿＿＿＿＿＿＿＿＿＿＿。 3. ＿＿＿＿＿＿＿＿＿＿＿＿＿＿＿＿＿＿＿＿＿＿＿＿＿＿＿。 4. ＿＿＿＿＿＿＿＿＿＿＿＿＿＿＿＿＿＿＿＿＿＿＿＿＿＿＿。

三、项目策划

根据自己的企业实习中的小型项目，结合项目目标和范围、项目工作结构分解、项目计划撰写一份项目策划书（根据实际情况展开），见表 7-4。

表 7-4　项目策划书

项目策划书

职业探讨

小明今年刚到企业实习，在校期间他表现良好，专业技术学习也较为认真。实习之前，他对自己充满信心，想和其他成绩更好的同学来一场比赛。

企业节奏快，培训时间短，工作强度高。很多同学觉得太累太辛苦，纷纷表现出各种的不适应。小明认为这些困难就是工作的一部分，能将学校里的理论知识应用到实际工作中，可以为未来找工作打下基础。经过努力，小明最终得到了企业的认可，得到了"优秀实习生"的称号。实习结束后，当被通知要和学弟学妹们分享心得体会的时候，他却不知道应该如何表达。

老师问他："你在哪些方面更加出色？你为什么能快速掌握实操技能？在高强度的工作中你是如何坚持的？这一次的坚持和荣誉，对你未来的实习有什么影响？"

小明若有所思，开始准备起了自己的实习分享。

如果你是小明，你会选择什么方式来进行实习展示？

1. 即兴演讲：_____。
2. 文本撰写：_____。
3. Excel 数据展示：_____。
4. _____：_____。
5. _____：_____。

职业分享

在入职欢迎仪式上，部门主管为新员工展示了公司的全貌并规划了职业发展的蓝图。按照他的思路学习，希望以后如果有机会，我也可以参与展示：

致欢迎词：_____。
自我介绍：_____。
公司整体介绍：_____。
新员工职业规划：_____。
_____：_____。

职业提升

蒙版的设置与使用

在 PPT 的制作过程中，需要在图片上显示文字，为了清晰地展示文字信息，我们会在图片层和文字层之间加一个半透明的形状，这个半透明的形状称为蒙版。

请你按照图 7-5 中的例子，制作一个含有蒙版的 PPT 模板。

图 7-5 含蒙版的 PPT 模板

职业感悟

感悟 1：

感悟 2：

主题八 职业规划

职业规划是指针对个人职业选择的主观和客观因素进行分析和测定，确定个人奋斗目标并努力实现这一目标的过程。职业规划要求人们根据自己的兴趣和特点选择最合适的事业。

8.1　职业认知评估

※案例8.1

从一名会计人员到电商运营主管

小丽毕业于一所高职院校，所学专业为会计。小丽的父母本来希望她成为一名会计，工作体面，收入也不错。为了实现这个目标，她在校期间认真学习，还通过了一家著名财会公司的认证考试。

然而，她毕业后才发现，会计专业毕业生的就业竞争太厉害了，一些本科院校会计专业毕业生都纷纷转行了。小丽并没有如愿以偿地进入财会公司。好在小丽天生丽质，聪明好学，又善于交际，毕业后不久，她进入一家电商公司做自媒体运营，她所在团队运作公司的抖音号一年内就拥有了百万粉丝，并实现了带货变现。现在不管是公司还是个人都在趁新媒体发展的大好趋势纷纷试水，但目前这支队伍较为年轻化、水平参差不齐，不仅缺乏足够的创新、决策能力，而且职业道德水平也颇受诟病。公司看中的正是小丽的职业素质：聪明好学，能够敏锐感受市场变化及时调整战略；熟悉信息技术，能够提高数据处理效率和业务；善于沟通，能够管理好团队做出最好的业绩。如今，她已经是公司的运营主管，为公司创造了极高的价值。

对于大多数职业院校学生来说，职业生涯规划是在入学后进行的，所学专业已经确定了。在目前的管理体制下，学生的专业转换受到很大限制。因此，在制定职业生涯规划时，应该将社会环境、自身条件和所学专业进行统筹分析，确定合理的职业发展目标。

案例中，小丽在个人与社会的关系处理上较为恰当：一是选择了自己适合的职业，可以在工作中发挥自己的聪明才智；二是结合了自身在数据处理方面的特长，将所学专业知识应用在职业活动中，充分发挥了自身的优势。

讨论：

1．小丽刚开始为什么选择会计专业，是否从自己的兴趣和性格做出的考虑；如果是你，你会怎么选择专业？

2．小丽毕业后并没有从事会计专业的工作，而是进入新媒体行业，你觉得哪些因素影响了她，她又做出了哪些改变？

一、自我认识：职业兴趣

（一）职业兴趣的含义

职业兴趣是兴趣在职业方面的表现，是指人们对某种职业活动具有的比较稳定而持久的心理倾向，使人对某种职业给予优先注意，并向往之。

职业兴趣是个人进行职业规划时需要注意的要素，兴趣对一个人个性的形成和发展，对一个人的生活和活动都产生了巨大的影响。

（二）职业兴趣的培养

经过对职业兴趣自我检测和诊断，同学们也明确了自己的职业兴趣。其实职业兴趣是可以培养的，只要通过不断满足社会的职业需要，在一定的学习与教育条件下形成和发展起来，就可以培养积极健康的职业兴趣。职业兴趣培养中应注意以下几个问题：

1. 培养广泛的兴趣

广泛的兴趣既可以让我们拓展知识、开阔眼界，也可以创新思维和提升想象能力。在专业学习和职业实践上，具有广泛职业兴趣的职业院校学生，由于知识丰富、思维敏捷，在研究自己专业和职业领域的事物时会有更多创意，也更容易取得成就。

2．有意识地明确职业兴趣

兴趣广泛是成功的基石，但人的精力和时间都是有限的，如果没有既定的职业兴趣，我们在众多事物和众多方向中就会迷失，三心二意、浅尝辄止，难以有所作为。所以，要采取科学合理的检测方式，明确自身的职业兴趣，并有意识地培养自己在此方面的兴趣，促使其深入发展，给未来的职业之路打下坚实基础。

3．职业兴趣应该与实际相符

我们在确定和培养职业兴趣之时，必须结合个人、学校和社会的实际情况，不能一味求高求新。对于职业学生来说，结合自己所学专业，认真分析社会的职业需求以确定和培养自身职业兴趣，就会使自身的职业兴趣有良好的客观基础，经过自身努力后，人生目标更容易实现。

4．注重职业兴趣的稳定性

兴趣的稳定性也叫持久性，兴趣稳定而持久，才能推动人去深入钻研问题，从而获得系统的科学知识，取得良好的工作成绩。个体只有对某一方面有稳定而持久的兴趣，才能有更多的精力深入钻研，也就更容易成功。

认真阅读并按照要求回答"霍兰德职业兴趣岛测验"问题，确定自己的职业兴趣组合，对照霍兰德职业代码表，确定自己的职业类型并把握好职业定位和方向。

职业兴趣岛如图8-1所示。

图8-1　职业兴趣岛

A岛——"美丽浪漫岛"这个岛上到处是美术馆、音乐厅，弥漫着浓厚的艺术文化气息。岛民们保留着传统的舞蹈、音乐与绘画。许多文艺界人士都喜欢来到这里开沙龙派对寻求灵感。

C岛——"现代井然岛"处处耸立着的现代建筑，标志着这是一个进步的、都市形态的岛屿，岛上的户政管理、地政管理及金融管理都十分完善。岛民们个性冷静保守，处事有条不紊，善于组织规划。

E岛——"显赫富庶岛"该岛经济高度发展，处处高级饭店、俱乐部、高尔夫球场。岛民性格热情豪爽，善于企业经营和贸易活动。岛上往来者多是企业家、经理人、政治家、律师，等等。这些商界名流与上等阶层人士在岛上享受着高品质生活。

I岛——"深思冥想岛"这个岛平畴绿野，人少僻静，适合夜观星象。岛上有很多天文馆、科技博物馆、科学图书馆。岛民们最喜欢猫在自己的小房子里，天天钻研学问，沉思冥想，探究真知。哲学家、科学家和心理学家们在这里讨论学术，交流思想。

R岛——"自然原始岛"这是个自然生态优良的绿色之岛。岛上不仅保留了热带雨林等原始生态系统，而且建立了相当规模的植物园、动物园、水族馆。岛民以手工制造见长，他们自己种植花果，栽培蔬菜，修缮房屋，打造器物，制作工具。

S岛——"温暖友善岛"这个岛的岛民们都性情温和，乐于助人，人际关系十分友善。大家互助合作，重视教育后代。每个社区都能自成一个密切互动的服务网络，处处充满着人文关怀气息。

如果你必须在六个岛之中的一个岛上生活一辈子，成为岛民中的一员：

（1）你第一会选择哪一个岛？

（2）你第二会选择哪一个岛？

（3）你第三会选择哪一个岛？

（4）你不愿意选择哪一个岛？

选好之后，依次记下4个问题的答案_____、_____、_____、_____。

测试分析：

六个岛事实上分别代表了六种职业类型，它们的描述以及矛盾关系如下：

A岛——艺术型（Artistic）　　　　VS　　　　C岛——常规型（Conventional）

E岛——企业型（Enterprising）VS　　　　I岛——研究型（Investigative）

R岛——实用型（Realistic）　　　　VS　　　　S岛——社会型（Social）

问题（1）的答案体现了你最显著的职业性格特征、最喜欢的活动类型以及最喜欢（很可能是最适合）的大致职业范围。反之，问题（4）的答案则是你最不喜欢的活动等。

根据你选择的岛屿和霍兰德人格类型表（表8-1）就可以看出自己的职业兴趣。

表 8-1　霍兰德人格类型表

类型	特点描述	典型职业
R 现实型	特征：顺从、坦率、谦虚、自然、实际、有礼、害羞、稳健、节俭、物质主义。 行为表现：爱劳动、有机械操作能力。 喜欢物体、机械、动物、植物有关的工作，是勤奋的技术家	对人际关系要求不高的技术性工作，如劳工、机械员、工程师、电工、飞机机械师
I 研究型	特征：分析、谨慎、批评、好奇、独立、聪明、内向、条理、谦逊、精确、理性、保守。 行为表现：有数理能力和科学研究精神。 喜欢观察、学习、思考、分析和解决问题，是重视客观的科学家	要求具有思考和创造能力，社交要求不高，如科研工作者，从事生物、医学、化学、物理、地质、天文、人类等研究的科学家、工程师
A 艺术型	特征：复杂、想象、冲动、无秩序、情绪化、直觉、理想化、有创意、不重实际。 行为表现：有艺术、直觉、创作的能力。 喜欢用想象力和创造力，从事美感的创作，表现美的艺术家	直觉独创性的，从事艺术创作的，如作家、音乐家、画家、设计师、演员、舞蹈家、诗人
S 社会型	特征：合作、友善、慷慨、助人、仁慈、负责、善社交、善解人意、说服他人、富洞察力。 行为表现：有教导、宽容、与人温暖相处的能力。 喜欢与人接触，以教学或协助的方式增加别人自尊心、幸福感，是温暖的助人者	与人打交道的，具备高水平沟通技能，热情助人的，如教师、心理咨询师、辅导人员
E 企业型	特征：冒险、野心、独断、冲动、追求享受、自信、精力充沛、善于社交、获取注意。 行为表现：有领导和说服他人的能力。 喜欢以影响力、说服力和人群互动，追求政治或经济上的成就，是自信的领导者	管理、督导、具有领导能力，有说服力的，如企业经理、政治家、法学家、推销员
C 传统型	特征：顺从、谨慎、保守、自抑、顺从、规律、坚毅、实际、稳重、有效率、缺乏想象力。 行为表现：有敏捷的文书和计算能力。 喜欢处理文书或数字数据，注意细节、是谨慎的事务家	注重细节讲究精确的，办公、事务性的，如银行工作人员、财税专家、秘书、数据处理人员

二、自我认识：职业性格

职业性格是人们在长期特定的职业活动中所形成的同职业相联系得比较稳定的心理特征。职业心理学的研究表明，不同的职业有不同的性格要求。虽然每个人的性格都不能百分之百地适合某项职业，但可以根据自己的职业倾向来培养、发展相应的职业性格。已经专业定向的学生，应该按照即将从事的职业对从业者的性格要求，在日常生活、职业环境中磨炼自己，改造甚至重塑自己的性格。

对照一下自己的性格特点，结合专业，看看与将来的职业要求的差距，见表8-2。

表8-2 职业类型与性格特征

序号	职业类型	性格特征
1	变化型	能够在新的或意外的工作情境中感到愉快，喜欢工作内容经常有些变化，在有压力的情况下工作得很出色，追求并且能够适应多样化的工作环境，善于将注意力从一件事转移到另一件事情上去
2	重复型	适合并喜欢连续不断地从事同一种工作，喜欢按照一个固定的模式或别人安排好的计划工作，爱好重复的、有规则的、有标准的职业
3	服从型	喜欢配合别人或按照别人的指示去办事，愿意让别人对自己的工作负责，不愿意自己担负责任，不愿意独立做出决策
4	独立型	喜欢计划自己的活动并指导别人的活动，会从独立的、负有责任的工作中获得快感
5	协作型	会对与人协同的工作感到愉快，善于引导别人按客观规律办事，希望自己能得到同事的喜欢
6	劝服型	设法使别人同意自己的观点。能够通过交谈或书面文字达到自己的目的。对别人的反应有较强的判断能力，善于影响别人的态度、观点和判断
7	机智型	在紧张、危险的情况下能很好地执行任务，在意外的情况下，能够自我控制、镇定自若、工作出色。在出差错时不会惊慌、应变能力强

续表

序号	职业类型	性格特征
8	自我表现型	喜欢表现自己，通过自己的工作和情感来表达自己的思想
9	严谨型	注重细节的精确，愿意在工作过程的各个环节中，按照一套规则、步骤将工作做得尽善尽美。工作严格、努力、自觉、认真、保质保量，喜欢看到自己出色完成工作后的效果

三、自我认知：职业能力

职业能力是人们从事其职业的多种能力的综合，可以定义为个体将所学的知识、技能和态度在特定的职业活动或情境中进行类化迁移与整合，所形成的能完成一定职业任务的能力。由于职业能力是多种能力的综合，因此，我们可以将其分为一般职业能力、专业能力和综合能力三种类型。

（一）一般职业能力

一般职业能力主要是指一般的学习能力、文字和语言运用能力、数学运用能力、空间判断能力、形体知觉能力、颜色分辨能力、手眼协调能力等。此外，任何职业岗位的工作都需要与人打交道，因此，人际交往能力、团队协作能力、对环境的适应能力，以及遇到挫折时良好的心理承受能力都是我们在职业活动中不可缺少的能力。

（二）专业能力

专业能力主要是指从事某一职业的专业能力。在求职过程中，招聘方最关注的就是求职者是否具备胜任岗位工作的专业能力。例如，你去应聘教学工作岗位，对方最看重你是否具备最基本的教学能力。

（三）职业综合能力

这里主要介绍国际上普遍注重培养的四个方面"关键能力"：

1. 跨职业的专业能力

跨职业的专业能力。一是运用数学和测量方法的能力；二是计算机应用能力；三是运用外语解决技术问题和进行交流的能力。

2. 方法能力

方法能力。一是信息收集和筛选能力；二是掌握制定工作计划、独立决策和实施的能力；三是具备准确的自我评价能力和接受别人评价的承受力，并能够从成败经历中有效地吸取经验教训。

3. 社会能力

社会能力。社会能力主要是指一个人的团队协作能力、人际交往和善于沟通的能力。在工作中能够协同他人共同完成工作，对他人公正宽容，具有准确裁定事物的判断力和自律能力等，这是岗位胜任和在工作中开拓进取的重要条件。

4. 个人能力

个人能力。随着中国经济体制改革的深入以及法制的不断健全完善，人的社会责任和诚信将越来越被重视，假冒伪劣将无藏身之地。一个人的职业道德会越来越受到全社会的尊重和赞赏，爱岗敬业、工作负责、注重细节的职业人格会得到全社会的肯定和推崇。

四、自我认知：职业价值

（一）职业价值观的含义

职业价值观是指人生目标和人生态度在职业选择方面的具体表现，也就是一个人对职业的认识和态度以及他对职业目标的追求和向往。理想、信念、世界观对于职业的影响，集中体现在职业价值观上。

职业价值观影响了人们对职业方向和职业目标的选择，决定着人们就业后的工作态度和劳动绩效水平。

（二）职业价值观的类型

1. 自由型

自由型（非工资生活者型）。该类型职业价值观的人不受别人指使，凭自己的能力拥有自己的小"城堡",不愿受人干涉,想充分施展本领。适合职业类型偏艺术性职业。

2．小康型

小康型。该类型职业价值观的人追求虚荣,优越感也很强。很渴望能有社会地位和名誉,希望常常受到众人尊敬。欲望得不到满足时,由于过分强烈的自我意识,有时反而很自卑。适合职业类型有记账员、会计、银行出纳、税务员、核算员、打字员、计算机操作员、统计员、秘书等。

3．支配型

支配型(权力型)。该类型职业价值观的人渴望当上组织的一把手,飞扬跋扈,无视他人的想法,为所欲为,并视此为快乐。适合职业类型有推销员、进货员、商品批发员、旅馆经理、酒店经理、广告宣传员、律师、政治家、零售商等。

4．自我实现型

自我实现型。该类型职业价值观的人不关心平常的幸福,一心一意想发挥个性,追求真理。不考虑收入地位及别人对自己的看法,尽力挖掘自己的潜力,施展自己的本领,并视此为有意义的生活。适合职业类型有气象学家、生物学家、天文学家、动物学者、化学家、报刊编辑、地质学者、物理学者、数学家、实验员、科研人员、科技工作者等。

5．志愿型

志愿型。该类型职业价值观的人富于同情心,把别人的痛苦视为自己的痛苦,不愿干表面上哗众取宠的事,把默默地帮助不幸的人视为快乐的源泉。适合职业类型有社会学家、福利机构工作者、导游、咨询人员、社会科学教师、护士等。

6．技术型

技术型。该类型职业价值观的人认为立足社会的根本在于一技之长。因此钻研一门技术,认为靠本事吃饭既可靠,又稳当。适合职业类型有木匠、农民、工程师、飞机机械师、机械工、电工、驾驶员等。

7．经济型

经济型(经理型)。该类型职业价值观的人断然认为世界上的各种关系都建立在金钱的基础上,包括人与人之间的关系,甚至父母与子女之间的爱也带有金钱的烙印。各种职业中都存在这种类型的人,他们确信,金钱可以买到世界上所有的幸福。

8. 合作型

合作型。该类型职业价值观的人人际关系较好，认为朋友是最大的财富。适合职业类型有公关人员、推销人员、秘书等。

9. 享受型

享受型。该类型职业价值观的人喜欢安逸的生活，不愿从事任何挑战性的工作。无固定职业类型。

> **职场小贴士**
>
> 随着社会发展，一些职业可能会退出社会生活，或者出现一些新的职业，而职业自身所代表的社会声望、实际收入水平、工作环境背景也将会发生很大的变化，这都将影响个人的职业指向。要想确定个人的职业方向，需综合考虑个人的个性、兴趣、能力以及社会环境等因素。

职业训练

一、信息收集

结合自身经历，查找网络、书籍等写出自己的职业兴趣与职业性格，如图8-2所示。（关键词3～5个）

图8-2 职业兴趣与职业性格

二、课堂讨论

结合自己的兴趣、性格，尝试总结出自己的职业能力与职业价值，如图8-3所示。

（关键词 3～5 个）

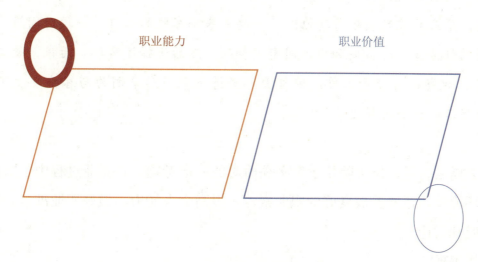

图 8-3　职业能力与职业价值

三、分析总结

从实际出发，分析自己的职业兴趣、性格、能力和价值，见表 8-3。

表 8-3　职业兴趣、性格、能力和价值

自我认知	关键词	自我认知	关键词
我的兴趣		我的性格	
我的能力		我的价值	

职业探讨

小晨，22 岁，电子商务专业毕业后，两年之内换了四五份工作，如今在家待业。原来，她在校期间成绩平平，能力一般，对就业方向没有清晰的认识，于是选择工作时十分茫然。

老师引导她从自己的兴趣、性格出发，结合在校期间的实践锻炼，先总结自身的能力与优势，再考虑环境因素，从而找到适合自己的职业范围，可她从未对这些有过深入思考，对自己的状况也不十分了解，无法做出判断。

于是，毕业后就只能跟着其他同学一起做基础客服的工作。一段时间后，她抱怨公司安排的任务多，时常要加班，同事难相处，然后选择了辞职。后来，她又陆续尝试了销售、后勤、前台等工作，但都没能坚持下来，后来因为与客户发生了重大冲突，消极怠工而被公司辞退。

职业选择是高职、技工院校学生必须面对的一道考题。在择业过程中，除应该注重职业发展环境外，还要养成良好的职业素养，提高个人能力，做好职业准备。请根据上述案例，展开讨论。

1. 人物表现：_____。
2. 存在问题：_____
   _____。
3. 问题改进：_____
   _____。

职业分享

请分享你身边的学长、朋友求职过程中发生的小事故。（可以描述他的兴趣、性格、能力，分析他适合的职业；或者学长在某企业的某岗位，分析他的兴趣和性格是否适合这个岗位。）

例如，我有一个学长，他的兴趣有……，性格是……，有……能力和……价值观，综合这些因素，预判出适合的职业有……

经过……锻炼（学习、比赛、实习等），他更加明确自己的职业方向，从而毕业后选择了……工作，并通过努力实现了自己的目标。

_____。
_____。
_____。
_____。
_____。

职业提升

分析自己或者同学的兴趣、性格、能力和价值，总结出合适的职业类型，如图8-4所示。

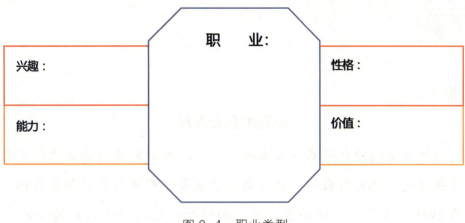

图 8-4　职业类型

职业感悟

感悟 1：

感悟 2：

8.2　职业生涯规划

※案例 8.2

小童的职业发展

小童是一所职业院校电子商务专业的学生，在校期间她就给自己定下发展目标，先从一名客服做起，再发展成为一名电商运营主管。明确自己的职业目标后，她认真学习，刻苦钻研，除了学习课本上的专业知识外，还利用课余时间查阅资料进行补充，以提升自己；在学校的安排下积极参与实践锻炼，熟悉各岗位流程，积累经验。

毕业后，小童进入一家较有发展前景的电商公司做售前客服，熟悉产品、锻炼客服技能；一年后，通过内部竞聘转为售后客服，了解供应链的运作方式和订单处理情况。当公司规模不断壮大，准备开启直播业务后，她主动提出做直播运营助理。这虽然是一个全新的挑战，非常辛苦，但小童有着明确的职业方向和坚定的信心，不怕辛苦，敢于表现，不断朝着自己的目标奋进。后来因表现优秀被品牌方破格提拔为直播运营负责人，实现了自己的目标。

一个人若要成就一番事业，就应该有明确的奋斗方向，没有目标的人只能无聊地重复着自己平庸的生活。对现在正处于人生上升时期的职业院校学生来说，职业生涯是从确定目标开始的。明确适合的目标，是一个人职业生涯的灯塔，将引领你走向成功。如果你不知道自己的目标在哪里，又如何为自己铺设一条通往理想生涯目标的路呢？

案例中，小童在校期间就确定了自己的职业目标，然后付诸行动，付出精力，最终实现目标。

讨论：

1. 你认为是哪些原因让小童一步步实现了自己的目标？你能做到这些吗？
2. 小童从学校到企业，一直有着明确的目标，你觉得制定目标时要考虑哪些因素？

试填写生涯决策平衡表，对自己职业生涯规划有更清楚的认识。

步骤一：确定你的职业决策考虑因素，如做销售、办公室工作、升学三个方案。

步骤二：把三个方案填入平衡表的选择项目中。

步骤三：在第一栏职业决策考虑要素中，根据对你而言职业选择的重要性和迫切性，赋予它权数，加权范围1～5倍，填写权数一栏。权数越大说明你越重视。

步骤四：打分。根据每个方案中的要素进行打分，优势为得分，缺点为减分，计分范围为1～10。

步骤五：计划方法。将每一项的得分和失分乘以权数，得到加权后的得分或失分，分别计算出总和，最后加权后的得分总和减去加权后的失分总和，得出"得失差数"，并以此来做出最后的决定，即比较三个选择方案的得失差数，得分越高，该职业方案越适合你。

一、职业生涯目标的确立

（一）职业生涯目标的含义

职业生涯规划目标是指人生目标或长远目标，个人在选定的职业领域内，在未来时点上所要达到的具体目标，也是职业生涯过程中所追求的最高职业目标的体现。

（二）职业生涯目标的构成

职业生涯目标由人生目标、长期目标、中期目标与短期目标组成，它们分别与人生规划、长期规划、中期规划和短期规划相对应。

一般，我们首先要根据个人的专业、性格、气质和价值观以及社会的发展趋势确定自己的人生目标和长期目标，然后再把人生目标和长期目标进行分化，根据个人的经历和所处的组织环境制定相应的中期目标和短期目标。生涯目标要具体明确、高低适度、留有余地，并与组织目标相一致。

（1）人生规划：整个职业生涯的规划，时间达40年，设定整个人生的发展目标。

（2）长期规划：5～10年的规划，设定较长远的目标。如规划30岁时成为一家中型公司的部门经理，规划40岁时成为一家大公司的副总经理，等等。

(3)中期规划：一般为 2～5 年内的目标与任务。如规划到不同业务部门做经理，规划从大型公司部门经理，或到小公司做总经理，等等。

(4)短期规划：2 年以内的规划，2 年以内掌握哪些业务知识，等等。

（三）职业生涯目标的原则

(1)清晰性原则：考虑目标、措施是否清晰、明确？实现目标的步骤是否务实有效？

(2)挑战性原则：目标或措施是否具有挑战性，还是仅保持其原来状况而已？

(3)适应性原则：目标或措施是否有弹性或缓冲性？是否能依循环境的变化而做调整？

(4)一致性原则：主要目标与分目标是否一致？目标与措施是否一致？

(5)激励性原则：目标是否符合自己性格、兴趣和特长？能否对自己产生内在激励作用？

(6)合作性原则：个人的目标与组织的目标是否具有合作性与协调性？

(7)全程原则：拟定职业生涯规划时必须考虑到职业生涯发展的整个历程，进行全程考虑。

生涯决策平衡表见表 8-4。

表 8-4 生涯决策平衡表

考虑因素	选择项目 加权分数	重要性的权数 （1～5 倍）	选择一		选择二		选择三	
			＋	－	＋	－	＋	－
个人物质方面的得失	1. 收入							
	2. 工作的难易程度							
	3. 升迁的机会							
	4. 工作环境的安全							
	5. 休闲时间							
	6. 生活变化							
	7. 对健康的影响							
	8. 就业机会							
	其他							

续表

考虑因素	选择项目 加权分数	重要性的权数（1～5倍）	选择一 +	选择一 -	选择二 +	选择二 -	选择三 +	选择三 -
他人物质方面的得失	1. 家庭经济							
	2. 家庭地位							
	3. 与家人相处时间							
	其他							
个人精神方面的得失	1. 生活方式的改变							
	2. 成就感							
	3. 自我实现的程度							
	4. 兴趣的满足							
	5. 挑战性							
	6. 社会声望的提高							
	其他							
别人精神方面的得失	1. 父母							
	2. 师长							
	3. 配偶							
	其他							
	加权后合计							
	加权后得失差数							

（四）职业生涯路线的选择

职业生涯规划路线表见表 8-5。

表 8-5 职业生涯规划路线表

类型	典型特征	成功标准	主要职业领域	典型职业通路
技术型	进行职业选择时，主要注意的是工作的实际技术或职能内容，不愿做全面管理的工作，只愿在技术职能区提升自己的实力	在本技术区达到最高管理位置，保持自己的技术优势	工程技术、财务分析、营销、计划、系统分析等	财务分析员—主管会计—财务部主任—财务副总裁

续表

类型	典型特征	成功标准	主要职业领域	典型职业通路
管理型	能在信息不全的情况下，分析解决问题，善于影响、监督、率领、操纵、控制组织成员，能为感情危机所激励，善于使用权力	管理越来越多的下级，承担的责任越来越大，独立性越来越强	政府机构、企业组织及其各部门的主要负责人	工人—生产组组长—生产线经理—部门经理—行政副总裁—总裁
稳定型	依赖组织，怕被解雇，倾向于按要求行事，没有太大抱负，考虑退休金	稳定、安全、氛围良好的家庭、工作环境	教师、医生、研究人员、勤杂人员	更多地追求职称，如助教—讲师—副教授—教授
创造型	要求有自主权、管理才能、能施展自己的特殊才能、喜好冒险、经常更换工作	建立或创造某种完全属于自己的杰作	发明家、风险性投资者、产品开发人员、企业家	无典型职业通路，极易变换职业或干脆自己创业
自主型	随心所欲地制定自己的步调、时间表、生活方式和习惯，认为组织生活是不自由的、侵犯个人的	在工作中得到快乐	学者、职业研究人员、手工业者、工商个体户	在自由领域中发展个人事业

二、职业生涯规划步骤与内容

（一）职业生涯规划的五个步骤

第一步：认识自我，自我分析，找出自己的特点和优势。

第二步：分析所处的环境，确定自己在内外环境中的位置及发展的潜力和机会。

第三步：确定人生目标，把目标具体详细地写出来。

第四步：选择自己的职业生涯路线，决定向哪个方面发展，是从事行政管理工作，还是从事专业技术工作，还是从事其他工作等。

第五步：制定发展计划，包括在校期间和毕业以后的。

（二）职业生涯规划的具体内容

1．认识自我

（1）职业兴趣——喜欢做什么。

在霍兰德职业兴趣岛测验中，我的具体情况是……

（2）职业性格——适合干什么。

从职业性格特征表得出，我的具体情况是……

（3）职业能力——能够干什么。

根据职业能力分类和自我分析，我的具体情况是……

2．分析环境

（1）家庭环境分析：经济状况、家人期望、家族文化等对本人的影响。

（2）学校环境分析：学校特色、专业学习、实践经验等。

（3）社会环境分析：就业形势、就业政策、竞争对手等。

（4）职业环境分析：行业分析、职业分析、地域分析、单位分析等。

3．确定目标

（1）职业目标：将来进入什么行业，从事什么职业。

（2）SWOT分析：根据SWOT分析结果确定发展计划，见表8-6。

表8-6　SWOT分析

内部环境因素	优势因素	劣势因素
外部环境因素	机会因素	挑战因素
分析		

（3）职业目标的分解和组合。把职业目标分成三个规划期，即近期规划、中期规划和远期规划，并对各个规划期及其要实现的目标进行分解。

4．选择路线

选择想走的路线，如是技术路线，管理路线，还是其他路线。

5．制定计划

职业生涯规划总表见表8-7。

表 8-7 职业生涯规划总表

计划名称	时间跨度	总目标	分目标	计划内容	策略和措施	备注
短期计划（在校计划）	20××—20××年	如毕业要达到……	如一年级达到……或在×方面实现	如专业学习、职业技能培养、职业素质提升、企业实习计划等	如一年级适应校园生活，养成良好的生活习惯，二年级……	职业生涯规划的重点
中期计划（毕业后三年计划）	20××—20××年	如毕业后第三年要达到……	如毕业第一年要……第二年要……	如职场适应、经验积累、岗位转换或提升等	……	职业生涯规划的重点
长期计划（毕业后五年或以上计划）	20××—20××年	如毕业五年后要实现……	如毕业第五年要……第十年要……	如事业发展、价值体现、家庭、子女等	……	方向性规划

三、职业生涯规划的调整

（一）职业生涯规划调整的必要性

计划赶不上变化，影响职业生涯规划的很多因素是可以预测的，但也有些因素是难以预测的。若要使职业生涯规划行之有效，就需不断地对职业生涯规划进行评估、修正，调整的内容包括发展目标、发展阶梯、发展措施，调整的依据是发展的内、外条件的变化。

成功的职业生涯设计需要时时审视内外环境的变化，并且调整自己的前进步伐。目标的存在只是为了前进指明了方向，而制定者是目标的创造者，可以在不同时间、不同环境下更改它，使之更符合自己的理想。只有不断调整目标，才能使自己立于不败之地。

（二）职业生涯规划调整的方法

1．重新剖析自我

对自我进行再评价是建立在自我观察与自我分析的基础上，对自我身心素质和人生目标的重新调整与修正的过程。自我评价的具体方法主要包括自省、听取他人评价、接受他人或自行进行心理测量等。对处于择业期间的学生来说，应当注意使用正确的自我评价方法。

2．职业目标评估

（1）短期目标的评估。短期目标通常是指2年以内的目标，时间任务更紧迫的近期目标也可以归在短期目标之列。短期目标具有明确、可操作性强的特点，是实现中长期目标的基础。对于中长期目标的实现，我们可以分解为一个短期的、可实现的具体目标。短期目标的实现可以用结果来衡量。

（2）中期目标的评估。中期目标一般是指3～5年的目标任务，它既是许多短期目标完成的结果，又为实现长期目标打下必要的基础。中期目标具有相对明确的任务和较长的完成时间，在具体实施过程中可以根据各种内外部因素变化做出适时地调整。对于中期目标的评估，重点在于评估计划实施的进程。

（3）长期目标的评估。长期目标可以是未来5～10年的目标，甚至是更长久的人生目标。长期目标是符合个人价值观，与个人未来发展相结合的愿景。长期目标的实现时间跨度大，目标任务宏观性强。尤其在环境的动态变化与个体的内在状态不断波动起伏的过程中，个体需要时时审视自己的职业选择、职业目标、路线的确定是否适合自身的发展。

3．规划内容调整

（1）调整发展方向。人生与职业的发展方向一经确立，就不要轻易改变。因为这关系到一系列围绕着它的规划、决策与行动，随意地调整发展方向有时会让我们迷失方向，并付出太多的精力和时间。有时通过对评估结果的分析，我们会发现目前的状况背离了原先确立的发展方向，这时必须重新审视自我，重新评估外部环境，并根据个人内心的渴望和现实的状况重新选择职业发展方向。

（2）调整生涯目标。职业生涯目标定得是否恰当，需要在客观实践中进行检验。个人事业的成败，很大程度上取决于目标是否正确、恰当。只有树立了正确目标，人生才能按照正确的方向前进。由于社会环境的变化和一些不确定因素的存在，有些情况有

可能会与我们原来制定的职业生涯目标与规划有所偏差，这时就需要对职业生涯目标进行适当的调整，以更好地符合自身发展和社会发展的需要。

（3）调整行动策略。有时我们发现虽然自己明确了正确的发展方向，制定了相应的职业发展目标，但在职业生涯发展的道路上依然并不顺利。那么这时就应该好好审视一下围绕实现目标所制定的策略，以及所采取的措施和行动是否合适。有时候制定的目标不能直接实现，那我们就可以通过教育培训、讨论交流、实践锻炼等，并妥善利用各种资源，通过调整策略，利用其他方法和途径来实现。

（4）调整时间进度。我们通常会将职业生涯目标分为有具体时间限制的较小的短期目标来实行，每一个小的目标又会有许多小的步骤和一定的时间限制。我们可以按照这些规定时间来检验我们任务的完成情况。如果在限定的时间内任务完成顺利，说明我们目标制定合理，措施采取得当，计划执行良好，并可以按照计划开展下一步的工作，完成下一阶段的目标。

（5）调整自我心态。自我心态的好坏，直接影响到职业生涯的发展。很多时候，个人职业发展得不顺利，可能是心态造成的。因此，在职业生涯的发展过程中，要善于调整自己的心态，始终保持最佳的状态。调整心态首先要自信，要相信自己的判断和选择，切忌自我怀疑和犹豫不决；其次还要有恒心，坚持不懈；最后还要有积极乐观的情绪，懂得快乐学习、快乐生活。

> **职场小贴士**
> 目标是我们工作和生活的方向。明确的目标会为生活和工作指引方向，就像航行中的船，如果没有方向，那么任何风向都是逆风的。其实，人生也一样，如果我们的生活没有目标，去哪个方向都是逆行的。

职业训练

一、确定职业道路

结合自己的兴趣、性格、能力和价值，参考知识储备，填写个人职业道路分析，见表8-8。

表 8-8　个人职业道路分析

职业类型	
典型特征	
成功标准	
职业领域	
个人职业道路设计	

二、设立职业目标

结合自己的兴趣、性格、能力和价值，考虑内外环境因素填写个人职业目标分析，见表 8-9。

表 8-9　个人职业目标分析

时间期限		参考	目标
时间进度	在校期间	一、二年级	适应环境 养成习惯 走入专业	
		三、四年级	熟知专业 实践锻炼 职业规划	
		课余	自学锻炼	
		……	……	
	毕业以后	日常工作	积累经验 提升技能	
		人际关系	有效沟通 团队合作	
		生活方式	锻炼身体 良好心态	
		……	……	

三、编制实施计划

根据自己的职业目标，编制实施计划，见表 8-10。

表 8-10　职业目标实施计划

时间进度	时间期限		参考	具体计划	策略 & 措施
时间进度	在校期间	一二年级	1. 认真学习校纪校规，做到热爱学校，遵守校纪校规。 2. …… 3. ……		
		三四年级	1. 熟知本专业的核心课程，对专业的发展有一定的了解。 2. …… 3. ……		
		课余	1. 通过网络自学 PPT 制作技术。 2. …… 3. ……		
		……	……		
	毕业以后	日常工作	1. 多和师傅学习，主动求教，积累更多经验。 2. …… 3. ……		
		人际关系	1. 与领导、同事、客户做到有效沟通。 2. …… 3. ……		
		生活方式	1. 每周进行两次运动，保证身体健康。 2. …… 3. ……		
		……	……		

四、调整职业计划

分享自己的目标和实施计划，对比其他同学的目标和计划，总结自己存在的问题，把表 8-10 中的内容做出调整并将其填入表 8-11 中。

表 8-11 职业计划调整表

意见交流	1. 2. 3.			
影响因素	行业内对技能要求的改变	……	……	……
调整措施	利用业余时间学习新的技能，在公司内部争取转岗	……	……	……

职业探讨

分析某中职学生职业生涯规划书的可操作性。

我的名字是小惠，今年 20 岁了，是一名中职学生，虽然还没有工作经验，但是我会认真对待每次实习机会。我喜欢在空闲时间读一些书来充实自己，也有信心面对将来的挑战。

1. 分析自己所处的环境和变化趋势

我生活在一个四口之家，父亲很和善，从小教育我们要做一个诚实的人，母亲很善良。我非常爱我的家庭。现在父母年纪大了，身体也不如从前了，以后的生活只有靠自己，不管如何困难，我都要努力面对每一次挑战。我坚信，功夫不负有心人，谁笑到最后谁就笑得最好。

目前，随着社会经济的发展，社会人才选拔也基本采用专业与学历相结合的模式，若要使自己在激烈的竞争时代立于不败之地，只有努力学好专业知识并不断探索新领域，才能找到一份合适的工作，实现自己的理想。

2．分析自己的优缺点及应对方法

我的优点是诚实，做事认真负责，自己的事自己完成，从不推给别人。我喜欢和朋友们一起学习，并且能把快乐带给大家。我的缺点是放假期间爱睡懒觉，但是在上学期间从没迟到、旷课的纪录，所以我要改掉睡懒觉的习惯，每天坚持锻炼，做一个身体健康的好青年。

我所学的专业是会计，我很喜欢这个专业，我认为它属于服务行业，因为我从小的梦想就是为大家服务。

3．确立职业目标

短期目标：利用在校期间学习更多的专业知识，能找到一份好工作，做一个合格员工。

中期目标：在公司争取一个好职位，与同事相处融洽，并有一定积蓄。

长期目标：希望有一家属于自己的公司，有一个幸福的家庭。

4．具备的职业道德素质

我是一个诚实守信的人，从来没有欺骗、利用过别人，也正是因为如此，我才拥有了很多朋友。无论做什么事，我都非常认真，几乎没出过差错。我一定会更加努力学习并充实自己。

5．尚不具备的职业道德素质

我缺少吃苦耐劳的精神，但是我有坚持到底的勇气。我要利用课余时间读一些关于成功企业家的书籍，把他们当作榜样，还要认真听取别人的意见。

规划评价：_____。

存在问题：_____。

_____。

细节改进：_____。

_____。

职业分享

查找成功人士的职业发展历程，学习并了解他们清晰的职业规划、职业目标，以及高效的执行力。

职业提升

学习职业生涯规划相关范文，结合自己的实际情况制定个人职业生涯规划。

职业感悟

感悟1：

感悟2：

主题评价

根据主题内容，学生完成自我小结并进行自评打分。教师根据学生活动情况进行点评并完成教师打分。最后按自评分×40%＋教师评分×60%计算得分，见表8-12。

表8-12 职业生涯规划

评价内容		评价标准	权重	自评	师评
知识储备	职业能力认知	能归纳职业能力认知的内容和特点	10分		
	职业规划步骤	能总结职业规划的步骤及内容	10分		
	职业规划调整	能阐述职业规划调整的内容及措施	10分		
拓展提升	职业训练	能根据知识储备填制职业规划内容	10分		
	职业探讨	能运用所学知识进行案例分析	10分		
	总结归纳	能独立完成总结归纳任务	10分		
职业素养	语言表达能力	能把想法和意图清晰明确地表达出来	10分		
	信息获取能力	能从多种渠道获取所需的信息	10分		
	解决问题能力	能提出合理化建议和创新见解	10分		
	团队合作能力	能各尽所能、与其他成员协调合作	10分		
		综合评分	100分		